U0039031

▲ 郭店一號墓現場發掘照

▲「東宮之師」漆耳杯

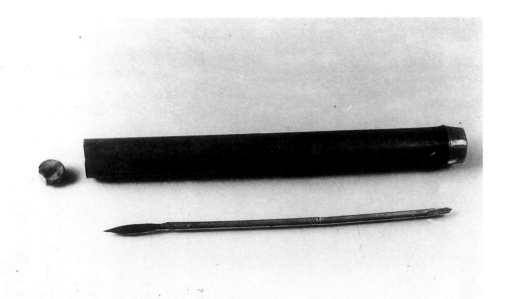

▲ 戰國時期的毛筆（荊門包山二號墓出土）

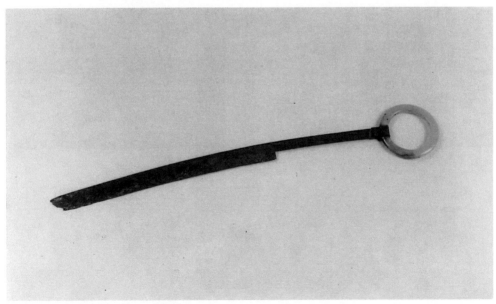

▲ 戰國時期的銅削刀（郭店一號墓出土）

▲ 清洗後的竹簡

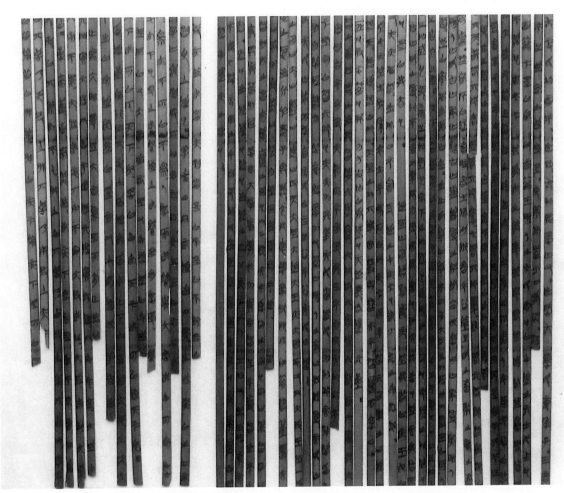

▲《老子》、《太一生水》部份竹簡

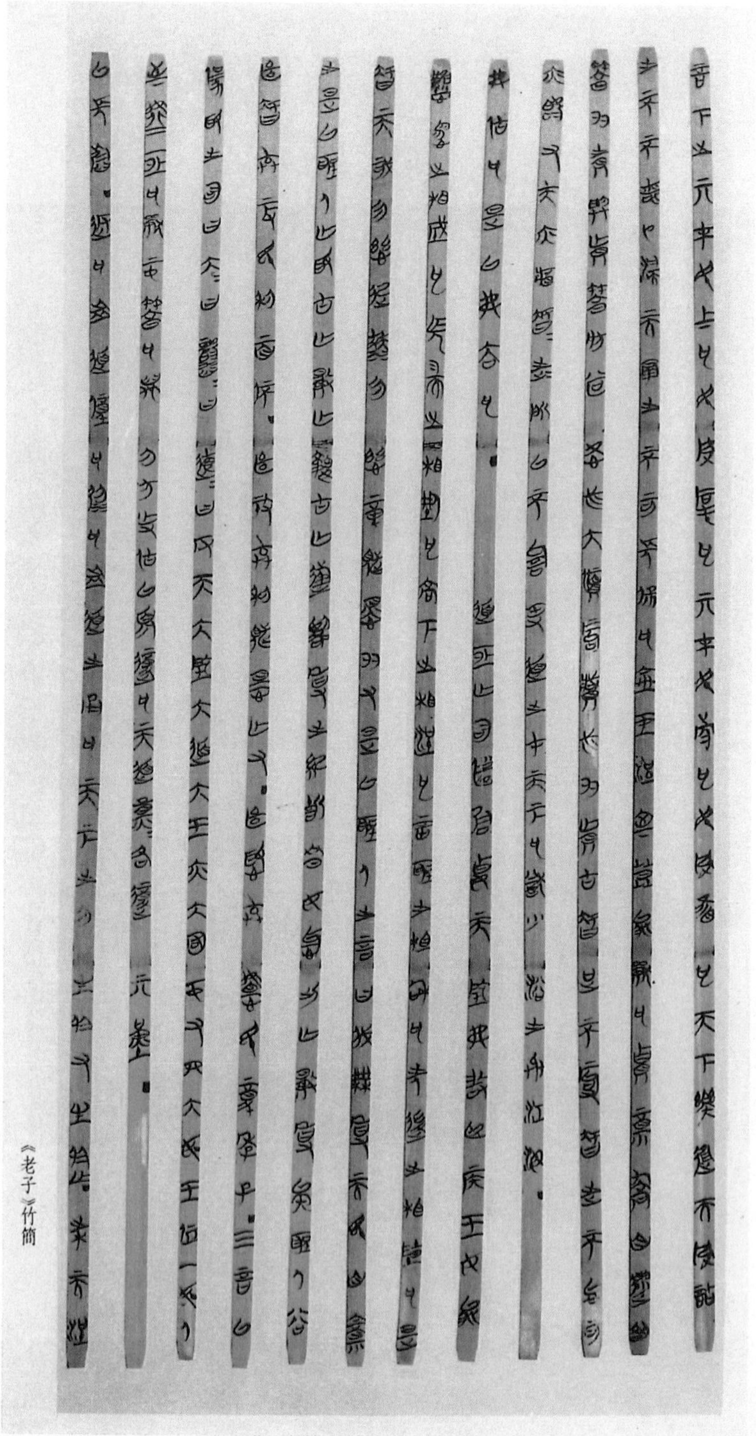

◀道家文獻——《老子》竹簡（部份）

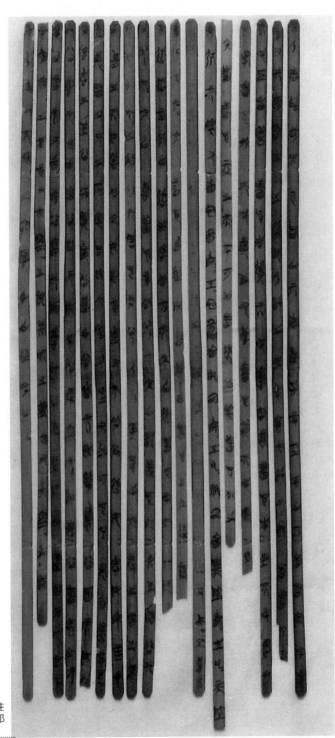

▶ 儒家文獻——《性
自命出》竹簡（部
份）

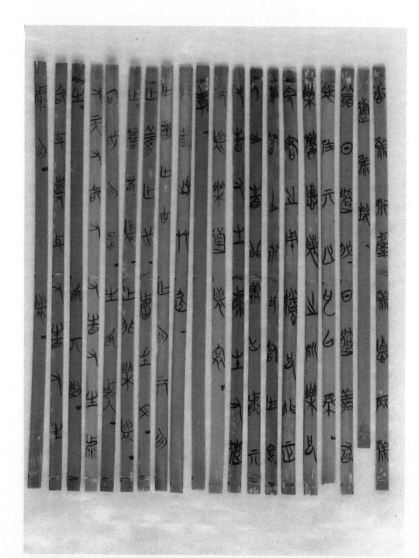

▲ 儒家文獻——《語叢》竹簡（部份）

郭店楚簡綜覽

劉祖信・龍永芳◎編著

目　錄

前　言

　　一九九三年十月，湖北省荆門市博物館文物考古工作者在本市轄區內的沙洋縣（原為沙洋區）紀山鎮（原為四方鋪鄉）的郭店村一組，考古發掘了一座戰國時期的小型楚墓。因該墓屬於國家保護的紀山古墓群中的郭店墓地，在墓地的編號為一號，故稱之為「郭店一號墓」。又把這座墓中出土的一批竹簡，稱之為「郭店楚簡」。郭店楚簡，實為戰國時期的一批典籍。

　　郭店竹書中的十六篇典籍分別是《老子》、《太一生水》、《緇衣》、《魯穆公問子思》、《窮達以時》、《五行》、《唐虞之道》、《忠信之道》、《成之聞之》、《尊德義》、《性自命出》、《六德》、《語叢一》、《語叢二》、《語叢三》、《語叢四》。這些典籍中，除《老子》、《緇衣》兩篇有傳世本，《五行》曾見於湖南長沙馬王堆出土的西漢帛書外，其餘的十餘篇均為失傳二千多年的佚書，被稱為我國一次性出土數量最多、內容最豐、保存最好的先秦竹書。因此，顯得格外珍貴。

　　一九九八年，由荆門市博物館竹簡整理研究小組的劉祖信、彭浩（聘請）、王傳富三人撰著的《郭店楚墓竹簡》一書，在中國文物出版社出版後，受到了國內外哲學、史學、考古學、文字學、宗教學等學界的高度重視，形成了一股國際性研究郭店楚簡的熱潮。本書的編著者也是《郭店楚墓竹簡》一書的主筆之一，深知那本書雖然全面、翔實，但專業性太強，不合一般讀者的需求，於是撰寫這本小冊子，試圖幫助廣大讀者更加全面地了解這批絕代竹書的出土及研究等方面的情況。

　　限於本書體例，引用一些重要成果，均未一一標明出處。為方便讀者閱讀，在本書第四章、第五章中各篇內容前保留了釋文，釋文引自《郭店楚墓竹簡》一書。限於作者水平，綜合歸納不免遺漏、偏頗甚至錯誤，由衷地希望專家、讀者的批評指正。

第一章

獨特的楚墓

　　荊門地處湖北中部，在江漢平原的西北，這裡曾經是歷史上楚國的腹地。

　　荊門市境內的沙洋縣有座紀山，北距荊門城不過五十公里。紀山雖不高，卻很有靈氣。楚國故都紀南城，在紀山之南不過八公里。因此，紀山與楚故都紀南城便有了不可分割的密切關係。

　　依照古人城內居住、城外埋葬的葬俗，紀山就成為春秋戰國時期楚國都城內王公貴族們爭相佔據的塋地。

　　戰國時期楚人對死者的埋葬，有著與其它民族不同的習俗。出土竹簡的郭店一號墓便是楚人埋葬死者的真實反映。

　　楚人造墓。有著自己的習俗。具體作法是：

　　一、選擇墓址。楚人墓葬一般埋在風水較好的山崗上，以避水漬。又常在山崗的東部和南部，以避風向陽。郭店墓地便處在紀山東部的郭店崗南端。這裡地勢較高，東、西兩面都是低窪的沖地，既避風，又向陽，還可避水漬。崗面平坦，是一處理想的造墓之地。因為有了這樣好的地理環境，才能使埋葬在地下幾千年的郭店竹簡有了較好的保護環境。

　　二、挖掘墓坑及墓道。根據當時的禮制，墓坑的大小，深淺及墓道的長短，都有嚴格的等級區別。一般說來，身份越高的貴族，墓坑就越大、越深，甚至墓坑內四壁留有數量不等的臺階，當然墓道越長。反之，身份越低的貴族，墓坑就越小、越淺，墓道也短。身份是平民的墓不置墓道。墓坑為人工挖掘而成，為了避免垮塌，挖掘出的墓坑通常是上口大而底小，呈「覆斗」狀。郭店一號楚墓的墓主人在當時楚國的身份相當於「士」級貴族。楚國貴族中，大致上分為王、大夫、士三個等級。士是貴族中最低的一級。所以，郭店一號墓的墓坑開口為東西長 6 米，南北寬 4.6 米，坑深 6.92 米。

　　楚墓中的墓道是下葬時運送棺槨及隨葬品的通道。通常為斜坡式。它的長短與坑的大小有著直接的關係。一般來說，墓坑越大越深，墓道就越長。反之，墓道就越短。郭店一號墓的墓坑深度不到 7 米，東向的斜坡式墓道也只有 9 米。(圖一)

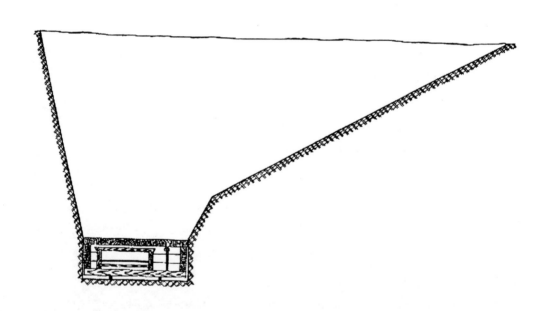

圖一　墓坑結構圖

三、構築木槨室。在挖好的墓坑底部，構築木槨室。木槨室從坑底向上疊砌而成，其大小依照坑的大小而定。在楚墓中，只有貴族墓葬才使用木槨室，平民墓則不用槨室。

木槨室用方木砌築。砌築方法是先用方木鋪底。再根據需要，用方木構築成四壁並間隔成數量不等的各室。構築方法主要採用了造房的原理。

郭店一號墓的木槨室內間隔成三室。分為頭室、南邊室和棺室。

先秦時期，木槨室的大小及棺的重數均有嚴格的規定。《禮記‧檀弓》記載：「天子之棺四重。」即在內棺外套四重棺，共有五棺。鄭玄注：「諸公三重，諸侯兩重，大夫一重，士不重。」這裡規定的「士」級貴族是一棺，而不重。郭店一號墓的墓主人身份是「士」，只有一棺，符合當時的禮制。

四、下葬。木槨室構築完畢後，等待着下葬。楚人下葬前通常要舉行一定的儀式。儀式結束後，隨即下葬。下葬時，先將裝有屍體的棺材從墓道移送到槨內的棺室，再將隨葬物品分室放置。放置好棺及隨葬物品後，封蓋槨頂板。

郭店一號墓的木槨室內，除棺室置一棺外，頭室放竹簡、銅器、兵器、樂器等禮器，邊室則放耳杯等生活用器。（圖二）

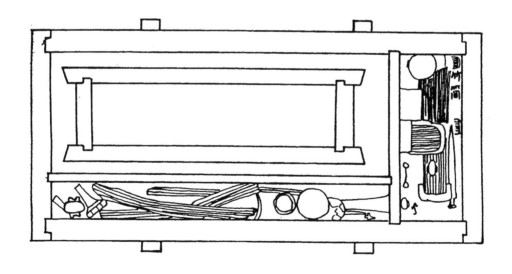

圖二　郭店一號墓木槨室內隨葬品放置示意圖

　　五、夯填墓坑。楚人在封蓋槨室時，有自己獨特的方法。主要是在槨壁板與槨蓋板之間用特製的土漆（即國漆）銜接密封。由於土漆為液體，乾後又有較大的伸縮性，所以密封性能較高，但為了加固其槨室的密封效果，楚人又發明了在槨室上填充較厚的青膏泥或白膏泥的方法，這也是楚墓中所獨有的一種密封方法。這種膏泥實際上就是一種質地非常細膩的泥土，黏合性較強，有很好的密封效果，它對楚墓中能保存大量的漆木器、竹簡等文物，起到了關鍵作用。郭店一號墓的木槨之上就封填了 1.2 米厚的青膏泥。因為有了這層青膏泥，木槨室內的竹簡等文物便被保存下來。

　　此外，是在墓坑中夯填「五花土」。所謂「五花土」是考古學家們對古墓填土的一種專用名詞。他們把兩種以上顏色的土相混合後，所形成的花色土均稱為「五花土」。人們在挖掘墓坑時，由於地層中的土層顏色及結構不盡一致。挖得深了，不同顏色的土便被翻掘到坑外，待回填墓坑時，這些已混合的土便被填進坑內、形成「五花土」。楚人在回填坑土時，比較講究，墓坑填土往往經過夯打，一般 20～30 公分為一層。夯實一層後，再填一層，如此向上至坑口。夯打的方法是：用「T」字形木柄的夯錘按順序夯築。考古專家在發掘墓坑填土時，往往可見夯打的「夯窩」。荊門山區一帶，在二十世紀的五十年代和六十年代，仍可見山民們建土牆房時採用此方法，區別只是山民們夯築土牆時，加用了兩側的擋板，再填土夯打。而楚人填坑時是直接在坑內鋪土夯打。經過夯打的墓坑填土結實、緊密，有一定的密封作用。

　　夯填墓坑時，也同時夯填墓道。使挖掘的墓坑及墓道同時填平到地表。

　　六、封蓋墓坑及墓道。墓坑及墓道被填平後，古人採取堆土的辦法來封蓋墓坑及墓道。規格較高的墓也有夯築封土的做法。這種封蓋的土堆通常為圓錐形。考古工作者把這種封蓋的土堆稱為墓葬封土堆，村民們則叫做「冢子」。

　　封土堆的大小視墓坑及墓道的總長度而定。封土堆的直徑一般略大於墓坑加墓道的總長度。覆蓋墓坑及墓道通常用兩種方法：一種是將墓坑及墓道一併封成為圓錐形；一種則將墓坑封為圓錐形，而另外將墓道封成長臺狀。但這種覆蓋方法只用於大型的墓葬。封土的高度一般是直徑的五分之一至五分之二之間。郭店一號墓的封土堆因早年被夷平，不知其高度，但封土堆的直徑約 18.5 米，略大於墓坑加墓道的長度。

　　楚人在掘坑和埋葬的過程中，使用自己的方法和習俗，從而獨具特色。

第二章

蹊蹺的發現

　　有著八百年歷史的楚國，在紀南城建都達四百年之久。四百年的楚國都城內，不知生死了多少王公貴族。於是，不足 15 平方公里的紀山，便立起了數不清的一座座墳冢（山民們對古墓的習慣稱呼）。我們便把這些墳冢統稱為紀山古墓群。一九九六年，中華人民共和國國務院將紀山古墓群公布為國家級文物保護單位。（圖三）

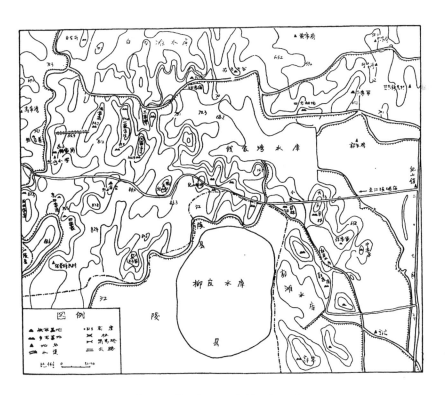

圖三　荊門紀山古墓群位置圖

　　這些古墓葬，一般以家族為單位規律地排列成墓地，少則數座，多則數百座。封土高者似座山，低者也有數米。其中不乏楚王陵。因此，不大的紀山崗山，便有了數十個墓地，近萬座墓葬（其中大部分墓葬封土堆早年被夷平，無法數計。）

　　據荊門市博物館考古工作者現場勘探，這些墓地分別是：1. 白龍崗；2. 張家崗；3. 楊家崗；4. 馮家崗；5. 小薛家窪；6. 東田家崗；7. 大薛家窪；8. 西田家崗；9. 王家灣；10. 南田家崗；11. 汪家崗；12. 天子冢；13. 廟臺冢；14. 曾家冢；15. 大禾包林；16. 小禾包林；17. 蘇家冢；18. 紀山林場；19. 無名地；20. 張家冢；21. 寧家冢；22. 尖山；23. 郭家崗；24. 郭店崗等。據《紀山楚冢調查》（《文物》1992 年第 1 期）得知，大薛家窪地、尖山墓地的排列分布情況最為特殊。大薛家窪墓地經過人工修築，由矩形臺、祭壇、陪冢區和臺階組成。1、2 號墓為主墓，3～42 號墓為陪葬墓，4 行 10 排，規整有序。（圖四）（見次頁）

　　祭壇東有 5 級臺階。如此規模、規整的墓地實為罕見。因此，有學者認為是楚王陵園。

　　尖山墓地有墓葬 112 座，可分為十一段，其墓葬數量之多，排列之有序，應為楚國的家族墓地。

　　郭家崗墓地是紀山楚墓群中的一處墓地，而出土竹簡的墓葬又是郭店崗墓地中數十座墓葬中的一座小墓，考古工作者將它稱為郭店一號墓。

　　幾千年的變遷，長時間的水土流失，加之山民們無休止的耕種，郭店一號墓的封土堆（山民們習慣稱為冢子）早年被夷平，故又有「塌冢子」的名稱。

　　一九九三年間，幾個中華民族的不肖子孫，背棄了祖先們恪守道德、靠雙手勤勞致富的傳統，忘掉了國家保護文物的法律法規，做起了「要想富，挖古墓，一夜成為萬元戶」的黃粱夢。於是，幾雙長滿老繭的手拉到了一起，罪惡的賊眼，死死地盯上了這座已沉睡幾千年的古墓。

　　在一個漆黑的夜晚，當勞作了一天的山民們都已熟睡，這幾條黑影，遊出了村口，蠕動著爬上了郭家崗。

　　郭家崗是一條南北向的自然崗地，崗上零散地住著幾戶人家。「塌冢子」在一戶村民竹園後。「塌冢子」的封土堆因早年被夷平，而種上了蠶豆苗。盜墓賊們戰戰兢兢地扒開豆苗及耕土，挖開直徑約一米的盜洞，向下 1 米、2

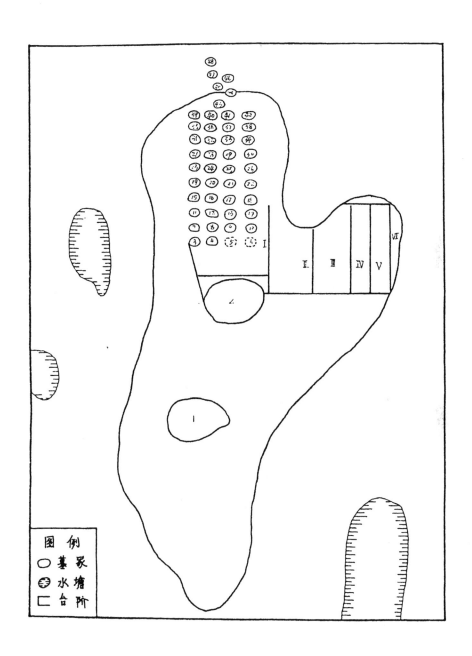

圖四　荊門紀山古墓群大薛家窪墓地墓葬排列示意圖

米、3 米……

　　天明後，村民們便發現了圓柱狀的盜洞和被掘出的棺木殘渣。立即報告了公安及文物管理部門。一場群眾性追查盜墓賊的活動迅速展開。

　　數月後，盜墓賊受到了嚴厲懲罰，可是被破壞的古墓卻無法挽回損失，深深的盜洞穿過墓坑填土，延伸到距地表數米以下的古墓棺槨室，木槨室的東南角被鑿開了一個邊長約 40 公分的洞。室內原有的化學條件被破壞，氣往外冒。不久，隨著雨水及風沙帶入的泥土，不斷地沿盜洞滲入墓坑，再滲進木槨室內。墓內文物危在旦夕。

　　荊門市博物館考古工作者在確定此墓無法繼續保存下去的緊急情況下，請示上級文物管理部門批准後，對該墓進行了搶救性的考古發掘。

　　金秋十月，是收穫的季節。荊門市博物館野外考古發掘的清理、繪圖、照相、化學處理、運輸、保衛、後勤人員在考古工地搭起帳蓬、生起爐灶、拉起電燈，便開始了緊張的考古發掘活動。十月的天氣，驕陽似火，烤得大地發燙。本來地勢就高的山崗，熱浪陣陣，不知是陽光太烈，還是人們太忙的緣故，挖掘坑土和搬運土料的人員都氣喘吁吁，臉上的汗水變成泥水往下淌。經過十天十夜不停地輪班工作，圓滿完成了考古發掘的任務，將墓內尚存的全部文物妥善清理出土。

　　根據考古學家推斷，郭店一號墓下葬於戰國中期，距今已有 2300 餘年。由於地下滲透和長期水氣蒸發，使原本乾燥的木槨室內積滿了水，淹沒著木槨室內的文物。盜墓賊從墓上挖下來的土洞，正好在木槨室的東南角。於是，從槨蓋板鑿開的方洞往下一看，只見室內滿滿的一坑水，不見文物。

　　正所謂「做賊心虛」。當時盜賊們慌慌張張，又在窄小的洞內不便操作，只能打撈洞周圍少量的認為是「值錢」的銅器便匆匆逃走。位於木槨室東北角的竹簡，只是在盜賊們打撈時，受水波蕩動而散亂、移位，少數殘斷，卻未受到更大的破壞。不幸中的萬幸，這批國家級的 800 餘枚竹簡，在荊門市博物館搶救性發掘此墓時，被發現並全部出土，妥善地收藏到荊門市博物館內。

竹書的再現

　　郭店竹簡放置於郭店一號墓的頭室。根據墓葬形制及隨葬器物推斷出該墓的下葬時間是戰國中期。隨葬器物中有一件漆耳杯，耳杯底部刻有「東宮之幣（師）」四字。據此，考古專家認為此墓應是楚懷王時期太子衡（後登基為楚頃襄王）的老師之墓。這 16 部竹書，極有可能是墓主人生前教授太子衡的教科書。因此，郭店一號墓下葬的相對年代約在西元前 300 年。距今已有 2300 年，而郭店竹書的製作時間應早於這座墓的下葬時間。

　　這批埋葬在地下達 2300 多年的竹簡，長期的水浸泥蝕，加之後來的盜賊洞穿了墓坑及木槨，大量的有害氣體及帶菌的泥水湧進木槨內，使原有的保護環境遭受到嚴重的破壞。待考古工作人員搶救清理發掘時，竹簡沒於青色的醬泥之中。似竹片，又像竹編器的殘片。只見黑色的竹片，卻不見竹片上的墨跡。幸虧有經驗豐富的考古專家在場清理，才辨認出這批竹簡。由於竹簡沒於水泥之中。抽乾水後，仍是泥竹一團，考古工作人員只得蹲在窄水的槨室裡面，用牛角小刀一片片輕輕挑起，再一片片輕輕地放在鋪著薄海棉的瓷盤之中，直到全部清理出墓。才封蓋瓷盤，緊急運回荊門巾博物館化學實驗室，等待著化學處理。

一、

　　竹簡也稱竹書。即為古人在竹片上寫成的書。在我國東周時期，紙張尚未發明。人們只得使用絲、麻、竹等材料來寫書。因此，後人則把在絲、麻布上寫成的書稱之為「帛書」。如長沙馬王堆西漢帛書等。又把用竹片寫成的書稱之為「竹簡」或「竹書」。如 1986 年荊門市沙洋縣出土的包山竹簡等。郭店一

號墓出土的竹簡為 16 篇先秦典籍。所以稱之為「郭店竹書」。

竹書的製造方法比較原始，使用起來也很不方便。古人有「學富五車，才高八斗」之說。足以說明竹書的笨重。

地處楚國中心的荊門，春秋戰國時期盛產竹木，為製造竹書提供了良好的物質條件。

竹書的製作，分為三個步驟：首先是加工竹片，根據需要的尺寸截竹為筒；再剖筒成條，刮其竹篩及內黃；最後殺青，成為簡片。

簡片的長度不等，厚薄不一。如 1986 年出土的包山竹簡中，最長者 70.3 釐米，最寬者 1 釐米，而 1993 年出土的郭店竹簡，最短者僅 15 釐米，最窄者 0.5 釐米，包山竹簡中厚者 0.2 釐米，而郭店竹簡中薄者不過 0.1 釐米，最薄者如指甲殼。包山竹簡和郭店竹簡的年代相近，均為戰國中期。兩批竹簡的出土地點相距不到 5 公里。可見當時流行的不同竹書在長度和厚度等方面沒有嚴格的定式。但每篇竹書的長度則必須一致。郭店出土的 16 篇竹書，長度分三類。但具體到各篇竹書的長度則不一樣。其次是編連簡片。所謂編連，就是把已削成的長度一樣，形狀相同的簡片編連成卷。

最後是書寫文字。書寫文字是製作竹書的最後一個步驟，也是要求最高的一個步驟。書寫的人必須具有淵博的文化知識，並且字要寫得工整、美觀。戰國時期，楚人已使用毛筆書寫文字。

其書寫的方法與現在無多大區別，即用毛筆醮墨直接寫在簡片上，只是所用墨汁是用自然墨棒研磨而成。簡片上寫字比在紙上面寫字難得多。如果寫錯了字，只能用削刀輕輕刮除後，再寫。

先秦竹書，主要有三種。第一種是口傳經書的記錄。第二種是抄寫已有的竹書。第三種是對某事件的記錄。郭店竹書很可能屬於前面的兩種。

二、

荊門博物館座落在荊門城內最繁華的象山大道北端。厚實的碑碣式大門內，仿古建築群錯落分布，亭、臺、長廊、花草綠茵，四季鳥語花香。主體陳列樓底層地下實驗室裡，躺著一盤盤剛從野外墓中搶救回來的竹簡。這些竹簡，實際上是一堆堆飽受泥水浸蝕，看不清文字墨跡的泥竹片。化學專家們緊

張的忙碌著，尋求其化學還原的最佳方案。

這批竹簡，通體沾滿黑色的稀泥，用手輕輕一摸，滑溜溜的一層泥水，就像剛從陰溝裡撈起來的陳年朽竹一樣。如何進行化學還原處理，誰也沒有現成的經驗。不要說在荊門，就是在全國、全世界，也是個尚未突破的重大科研課題。

可是竹簡又是國寶，既要清除簡上的腐泥，又不能損壞簡上的文字，的確是個大難題。何況竹簡受腐時間太長，如不及時化學處理，還原其本色，有可能永遠都見不到文字，對人類的損失將是巨大的，無法挽回的。

化學專家們制定出近十套技術方案，做了數十次化學實驗。他們把同墓出土的竹笥（戰國時期楚人用以盛物的竹器）殘片，用作竹簡的替代品，一次次地配製藥劑，進行化學實驗，又一遍遍重來……

不知過了多少個日日夜夜，也不知做了多少個實驗，終於在一個陽光明媚的早晨，實驗室內傳出了成功的歡呼聲。專家們擁成一團，慶賀這項重大的科研項目的突破。

又過了數日，一堆堆又黑又臭的泥竹片，還原成一支支光彩照人的竹簡。只見化學處理後的竹簡一排排規整地躺在裝滿蒸餾水的方盤中，竹片青黃如新，文字清晰可辨。800 多枚薄如指甲殼的簡片，成為中國迄今為止簡片最薄、可鍛性最強、文字最清楚的一批竹簡。

三、

郭店竹簡的化學處理效果雖然一流，但它是國家珍貴文物。古文字專家們不能直接拿竹簡進行研究，這樣會損壞文物。因此，必須拍攝一比一的原大照片，供研究之用。

拍攝一般的照片，倒也不難，可是要拍攝一比一的原大竹簡照片，就不那麼簡單了。當今流行的國產相機也好，進口相機也好，拍攝的照片雖色彩艷麗，但近距離拍攝出與原簡一樣長短，尺寸完全一樣的照片也就不行了。攝影專家經過反覆對比，最後選擇了我國六十年代進口的固定式寬板「傻瓜」相機來拍攝郭店竹簡照片。

攝影專家用這種相機拍攝出的膠片，與原簡一比，不大不小，正好是標準

的一比一尺寸。古文字專家們把這種膠片印出的相片，依條截開，再分成一條條模擬竹簡，文字清楚，可以拿在手中，使用起來既方便，又不怕損壞，為研究竹簡提供了十分便利的條件。

郭店楚簡文字，是典型的楚國地方文字，字體為篆書，少數筆劃帶有隸書風格，不是嚴格意義的篆書，應為篆書向隸書過渡時期的作品。其字體典雅、秀麗，是當時的書法精品。戰國時期的楚國已經形成了有別於中原各國的文化體系，在文字方面也表現出明顯的地方特色。從整體上看，楚簡文字與周代金文一脈相承，在保留了許多與金文相同或相似字形的同時，也形成了自己的特色文字。因此，釋讀這些簡文的難度也就特別大。

楚簡文字不同於統一後的秦文字，更區別於經過多次簡化過的現行文字，即使是簡文中的同一個字也有差異。從包山楚簡和郭店楚簡文字中可以看出這種差異，主要表現為：

1、字形和偏旁的變化。如：

弃　棄（繁体）　＊《說文》古文　＊（簡文）

迟　遲（繁体）　＊《說文》古文　＊（簡文）

仆　僕（繁体）　＊《說文》古文　＊（簡文）

野　　　　　　　＊《說文》　　　＊（簡文）

2、字形的簡省。分為簡省筆畫和簡省偏旁。

簡省筆畫。如：

其　＊（簡文）　＊（簡文）

嘉　＊（簡文）　＊（簡文）

善　＊（簡文）　＊（簡文）

簡省偏旁。如：

命　＊（簡文）　＊（簡文）

殆　＊（簡文）　＊（簡文）

春　＊（簡文）　＊（簡文）

間　＊（簡文）　＊（簡文）

3、筆畫的增繁。分為增添筆畫和增添偏旁。

增添筆畫。如：

攻　攻（簡文）　＊（簡文）

文　冬（簡文）　夂（簡文）

命　命（簡文）　龠（簡文）

皆　𥘵（簡文）　替（簡文）

郙　𢏿（簡文）　𢽩（簡文）

增添偏旁：如：

命　命（簡文）　𥄂（簡文）

中　中（簡文）　𥄂（簡文）

訓　𢧜（簡文）　𢧜（簡文）

行　𢖶（簡文）　𢖻（簡文）

4、異形。分為更換偏旁位置、更換偏旁和聲旁替代等。

更換偏旁位置。如：

鎰　𨦬（簡文）　𨪻（簡文）

稅　𥝆（簡文）　𥝀（簡文）

死　𣦵（簡文）　𣦻（簡文）

夜　𡖨（簡文）　𡖢（簡文）

更換偏旁。如：

期　𣅀（簡文）　𣅁（簡文）

夏　𪟝（簡文）　𪟟（簡文）

缶　𦈢（簡文）　𦈤（簡文）

以相同或相近的聲旁替代。如：

筐　𥯊（簡文）　𥯑（簡文）

徵　𢕎（簡文）　𢕏（簡文）

　　除此之外，還有重文、合文等。總之，楚簡文字的釋讀十分困難。郭店楚簡研究的古文字專家們為了讀出竹簡上 13000 多個文字，不僅研讀了現有的先秦各類文獻資料，還要熟悉我國迄今已出土的文字資料。如先秦的各類典籍、甲骨文、金文（銅器上的銘文）、簡文、帛書等。從這些資料中尋找出楚文字構成及演化的規律來，再對照竹簡上的文字，一次次地反覆隸定，反覆推敲。一筆一畫、一個偏旁、一個部首，再到一個字的敲定，從而完成全部竹簡文字的釋讀工作。儘管如此，至今仍有十多個字無法讀出，只能收為附錄，留待今

後有了新的資料後，逐步釋讀出來。

四、

竹簡埋葬地下幾千年，由於種種原因，總會受到程度不同的損壞。郭店楚簡出土時，編連竹簡的絲線就已腐爛。加之盜墓賊用鐵耙打撈文物時，水波蕩動，全部竹簡均已散亂，部分竹簡漂動移位，少數殘簡鑽到其它隨葬文物之中或下面。考古發掘人員清理回來的也只是一盤盤散亂無序的簡片。

儘管每支簡上的文字基本上已釋讀出來，但把這些簡編連成篇，卻是全部竹簡研究活動中難度最大，也是要求最高的一項工作。編連一部散亂無序的古代竹書比再著一部書的工作量要大得多。

郭店竹書，有道家和儒家的典籍 16 篇。除《老子》、《緇衣》兩篇有傳本，《五行》曾見於長沙馬王堆西漢帛書外，其餘均為佚本。即便是有傳世本的兩篇，也與現行本有很大的不同。更不說已失傳二千多年的佚書了。何況剛見到竹簡時，並不知道哪些是佚本，哪些是傳世本。只是一條條無序的簡文。編連這些簡文，即不能主觀創作，更不能隨意對接，必須還原其本來面目。

有著八百年歷史的楚國，也有自己的典籍。到了戰國中期，楚國已有了十分規範、且具一定數量的典籍。但在秦統一全國後，為了加強中央對地方的統治，在全國實行了「焚書坑儒」的政策，全國（包括楚國）的典籍，除卜筮類書籍和早先埋於地下的書籍外，均被付之一炬，時至今日，文獻中除《史記‧楚世家》等史書上有少量關於楚國的記載外，不見完整的楚之典籍，編連這批楚國竹書，也就無法找到直接對應的參考文獻。在此情況下，研究人員只得在參考先秦時期其它各國典籍體例的基礎上，再根據竹簡形制及行文的不同特點，分析其編連的規律。郭店楚簡的形制不盡一致。就長度而言，可分為三類：第一類長 32.5 釐米；第二類長 26.5～30.6 釐米；第三類長 15～17.5 釐米。竹簡的形狀也有兩類：一類簡的兩頭平齊；另一類簡的兩頭削成梯形。竹簡上都有容納編連線的契口，前兩類長度的竹簡，每簡有兩個契口，上下各一個，最短的一類竹簡則有三個契口，上、中、下各一個。往往抄寫同一篇古書所用竹簡的長度和形狀是一致的，而且上下契口的間距也是相同的。此外，根據各簡首尾文字的內容，反覆比較，尋找出對接的點。就這樣，一次次地編

排，再一次次地打亂重來，編連一段後，再組合成一篇，直至完成全部竹書的編連工作。

　　郭店竹簡，這批埋葬在地下二千三百多年的國寶，經過考古發掘、化學處理和古文字專家們的傾力研究，終於變成了一部光芒四射的絕代竹書。

第四章

珍貴的道家文獻

　　道家：《現代漢語詞典》第 220 頁（商務印書館，1994 年版）是這樣解釋的：「先秦時期的一個思想派別，以老子、莊子為主要代表。道家的思想，崇尚自然，有辯證法的因素和無神論的傾向，但是主張清靜無為，反對鬥爭。」這也是一般意義上對道家的理解。關於道家及其創始人老子歷來就有不同的說法。

　　郭店楚簡未出土前，有關道家的文獻主要有傳世本《老子》，即《道德經》，以及 1973 年在湖南長沙馬王堆三號漢墓出土的帛書《老子》，帛書《老子》的出土解決過道家學術中歷來爭論的很多問題，但有關老子的有些問題，如：老子是什麼時代的人，《老子》一書的成書時代，歷史上的老萊子、老聃、太史儋是一個人、兩個人還是三個人，一直還是個難解的歷史之謎。

　　在談論郭店楚簡中道家文獻的珍貴前，我們先了解一下歷史上有關道家文獻的具體情況：

　　我們言道家，不得不說老子，老子是道家學派的創始人，其學說《老子》被尊奉為道家之聖經。1973 年前，我們通常所指的《老子》一書或稱傳世本、通行本，或稱今本，該書分為道經和德經，所以又稱《道德經》，其思想內容主要是：在學術觀點上與儒家勢同水火，在政治傾向上使用南面君權之術，在理論思想上玄虛深奧。全書分為 81 章，五千餘字。

　　1973 年在湖南長沙馬王堆子彈庫漢墓中出土的帛書《老子》有兩卷，因書寫字體不同，分為帛書《老子》甲、帛書《老子》乙，甲本書寫字體為篆體、乙本字體為隸書，帛書甲、乙本內容大致相同。帛書本分為上、下篇，但不分章，前篇《德經》，後篇為《道經》，與傳世本相反。

　　帛書《老子》甲、乙本的出土解決了傳世本《老子》許多章節中爭論的問

題，在郭店《老子》簡出土前被認為是最古的本子。

1993 年郭店一號墓中出土了郭店《老子》，整理者根據竹簡形制和內容的不同，將郭店《老子》分為甲、乙、丙三組。郭店《老子》又稱簡本《老子》。

這三組形制不同的《老子》內容均見於傳世本和帛書本，但三組《老子》的總字數才 2046 字，僅相當於今、帛本內容的五分之二。

這三組《老子》共包括今本《老子》八十八章中的三十一章內容，有的章節與今本完全相同，有的只相當於今本的部分章節。這三十一章內容，全在今本的第六十六章之前，也就是說竹簡本《老子》中沒有今本《老子》第六十六章以後的內容。見於今本的三十一章內容，其順序與今本也不同，是雜亂的。

為什麼竹簡本《老子》的內容不如今本和帛書本豐富，而又認為竹簡老子是最珍貴的道家文獻呢？

其一，是因竹簡本是經過科學的考古發掘而出土的時代最早的《老子》版本。出土竹簡的郭店一號墓，其時代是戰國中晚期（西元前四世紀末至西元前三世紀初），那麼墓中所隨葬的竹簡時代應在墓主人下葬之前，馬王堆《老子》帛書是漢文帝以前的舊本，兩者相比，顯然楚簡本《老子》是目前所能見到的時代最早的《老子》版本了。

其二，是竹簡本《老子》的內容向我們展示了《老子》著作的早期狀況。竹簡《老子》分甲、乙、丙三組，因各組內容的不同，有學者將簡本《老子》分為上、中、下三篇，認為我們見到的今本《老子》分《道經》、《德經》，並將全文分為八十一章，是在簡本《老子》三篇的基礎上調整篇章而成的。學者們還根據自己對簡本的不同理解，認為傳世本《老子》是對簡本《老子》原有內容更改增刪文字，將新的文字段落加進原有章節或新增許多章節而成。這樣，《老子》一書的內容，就從簡本《老子》的二千多字擴充到傳世本《老子》的五千餘。也就是說簡本《老子》是目前所有《老子》著作中能見到的最原始的部分，傳世本是後人在簡本的基礎上進行改造、重編、增訂而成的，是同一書兩個時代早、晚不同的版本。

其三，簡本《老子》的出土基本上解決了歷史上老萊子、老聃、太史儋與《老子》一書的關係。中國社會科學院研究員郭沂先生運用大量史料、文獻論證老萊子、老聃與太史儋分別為三個歷史人物，其中老萊子與《老子》一書無

關。簡本《老子》為春秋末年的老聃所著，而戰國晚期莊子、韓非子所見的《老子》則是戰國時期的太史儋所著。太史儋所著《老子》是將老聃的作品吸收，並增添了許多內容後改寫而成的。

其四，簡本《老子》的出土向我們昭示了早期學派之間的關係。

首先，從簡本的內容看，沒有今本中與儒家針鋒相對的文字，對儒家所提倡的仁、義、聖是持肯定態度的。由於今本、帛書本中都有「絕仁棄義」這樣與儒家勢不兩立的文字，學術界一直認為道、儒兩家從產生的時候起就勢同水火，簡本《老子》的出土，糾正了千年以來學術上的偏見。

其次，從簡本內容看，《老子》著作最初主要講關於守道歸樸，修身，並不主張戰爭，認為不到迫不得已不用兵。

簡本中另一篇珍貴的道家文獻是《太一生水》。

《太一生水》是一篇失傳兩千年的古文獻。簡的形制和字體與《老子》丙組一致，應與《老子》丙屬同一篇道家文獻，但由於其思想內容獨特，所以整理時將其與《老子》丙組分開，單獨成一篇。根據古書慣例，取篇首一句作篇題。

《太一生水》所講的宇宙生成論，是一種到目前為止先秦哲學文獻中尚未見過的新宇宙論思想。它表達了中國古代除了以尚氣為主的哲學體系之外，還有以尚水為特點的哲學傳統。它的發現在中國哲學史上有著十分重要的意義。

老　子

甲

絕智棄辯，民利百倍。絕巧棄利，盜賊無有。絕偽棄慮，民復季子。三言以為辨不足，或命之，或呼屬：視素保樸，少私寡欲。

江海所以為百谷王，以其能為百谷下，是以能為百谷王。聖人之民前也，以身後之；其在民上也，以言下之。其在民上也，民弗厚也；其在民前也，民弗害也。天下樂進而弗厭。以其不爭也，故天下莫能與之爭。罪莫厚乎甚欲，咎莫險乎欲得，禍莫大乎不知足。知足之為足，此恒足矣。

以道佐人主者，不欲以兵強於天下。善者果而已，不以取強。果而弗伐，

果而弗驕，果而弗矜，是謂果而不強，其事好長。

古之善為士者，心微妙玄達，深不可識，是以為之容：豫乎（其）若冬涉川，猶乎其若畏四鄰，嚴乎其若客，渙乎其若釋，混乎其若樸，沌乎其若濁。孰能濁以靜者，將徐清。孰能安以動者，將徐生。保此道者不欲尚盈。

為之者敗之，執之者遠之。是以聖人無為故無敗，無執故無失。臨事之紀，慎終如始，此無敗事矣。聖人欲不欲，不貴難得之貨；教不教，復眾之所過。是故聖人能輔萬物之自然，而弗能為。道恒無為也，侯王能守之，而萬物將自化。化而欲作，將鎮之以無名之樸。夫亦將知足，知以靜，萬物將自定。

為無為，事無事，味無味。大小之多易必多難。是以聖人猶難之，故終無難。

天下皆知美之美也，惡己；皆知善，此其不善己。有無之相生也，難易之相成也，長短之相形也，高下之相盈也，音聲之相和也，先後之相隨也。是以聖人居無為之事，行不言之教。萬物作而弗始也，為而弗恃也，成而弗居。夫唯弗居也，是以弗去也。

道恒無名，樸雖微，天地弗敢臣。侯王如能守之，萬物將自賓。

天地相合也，以逾甘露，民莫之命而自均安，始制有名。名亦既有，夫亦將知止。知止所以不殆，譬道之在天下也，猶小谷之與江海。

有狀混成，先天地生，寂寥獨立不改，可以為天下母，未知其名，字之曰道，吾強為之名曰大。大曰逝，逝曰遠，遠曰反。天大，地天，道大，王亦大。國中有四大焉，王居一焉。人法地，地法天，天法道，道法自然。

天地之間，其猶橐籥歟？虛而不屈，動而愈出。

至虛，恒也。守中，篤也。萬物旁作，居以須復也。天道員員，各復其根。

其安也，易持也。其未兆也，易謀也。其脆也，易判也。其幾也，易散也。為之於其無有也，治之於其未亂。合〔抱之木，生於毫〕末。九層之臺，作〔於累土。千里之行，始於〕足下。

知之者弗言，言之者弗知。閉其兌，塞其門，和其光，同其塵，銼其銳，解其紛，是謂玄同。故不可得而親，亦不可得而疏；不可得而利，亦不可得而害；不可得而貴，亦不可得而賤。故為天下貴。

以正治邦，以奇用兵，以亡事取天下。吾何以知其然也？夫天多忌諱，而

民彌叛。民多利器，而邦滋昏。人多智而奇物滋起，法物滋彰，盜賊多有。是以聖人之言曰：我無事而民自富，我無為而民自化，我好靜民自正，我欲不欲而民自樸。

含德之厚者，比於赤子。蚖蠆蟲蛇弗螫，攫鳥猛獸弗扣，骨弱筋柔而捉固，未知牝牡之合然怒，精之至也。終日號而不嘎，和之至也。和曰常，知和曰明，益生曰祥，心使氣曰強。物壯則老，是謂不道。

名與身孰親？身與貨孰多？得與亡孰病？甚愛必大費，厚藏必多亡。故知足不辱，知止不殆，可以長久。

反也者，道動也。弱也者，道之用也。天下之物生於有，（有）生於無。

持而盈之，不不若已。揣而群之，不可長保也。金王盈室，莫能守也。貴富驕，自遺咎也。功遂身退，天之道也。

《老子》甲組文獻由 39 枚簡組成。簡的形狀為：簡兩端削成梯形。簡長 32.3 釐米。簡有編連線兩道，編連線之間的距離為 13 釐米，每枚簡上的字數大多在 21～31 字之間，共計 1086 字。簡上字體清秀典雅。

古人的書和現在的書不一樣，現代的書有不同作用的標點符號，而古書則無，一般只有斷句、分章或分篇的符號，用一個相應的墨記符號表示。至於句中的語氣、情感則由讀者自己去體會。在本篇文獻中，用短橫表示斷句，用墨塊表示分章，用鉤形表示分篇。這樣《老子》甲分為上、下篇，上篇 5 章，下篇 4 章。

《老子》甲分篇、分章與今本全然不同。《老子》甲共包含今本 19 章的內容，這其中有 13 章的內容與今本相同，有 6 章的內容只相當於今本《老子》章節的一部分。簡本相當於今本的 19 章內容，與今本相比，其先後順序是雜亂無章的，按簡本的順序排列相當於今本章節的內容，則依次為：19、66、46（中、下段）、30（上段）、15、64（下段）、37、63、2、32、25、5（中段）、64（上段）、56、57、55、44、40、9。這些章節中有 10 章為《老子》道經，9 章為《老子》德經的內容。而且在簡本《老子》甲中道經和德經的內容是相互交叉出現的，沒有一定的規律。

《老子》甲開篇指出：絕棄了機謀和巧言，這樣老百姓就會得到百倍好處；絕棄了貪婪的詭詐，這樣才不會有盜賊產生；絕棄了私欲和雜念，這樣老

百姓就會回歸到自然狀態。這與傳世本《老子》19 章的內容有很大的出入，傳世本《老子》認為：只有絕棄了累人心的美與善（聖、智、仁、義），以及惡與不善（巧、利），老百姓才會得到好處，且交親和睦，國家才會安寧，不會有盜賊產生。

傳世本《老子》對儒家所提倡的「聖、智、仁、義」是持反對態度的，是道家所要絕棄的東西。而簡本《老子》甲，要絕棄的只是亂人心志的思想與欲望，從而讓百姓得利，回歸自然。簡本《老子》甲向我們展示了早期道儒之間的關係，即在郭店楚簡時期，道儒之間的關係並非後來所認為的二者針鋒相對、勢同水火。龐樸先生認為：道儒之間的關係最開始是和睦共處的，後來二者之間出現的爭鬥，是道家和儒家的弟子們互相爭地位的結果，也是當時社會狀況一個側面的反映。

所以我們說，簡本《老子》甲，是早期道家思想的文獻之一。

本篇簡文的中心思想是守道歸樸。什麼是「道」呢？老子將「道」設定為天地萬物的本原，是宇宙普遍法則的象徵，是一種看不見、摸不著的東西，它產生萬物，是萬物之母。萬物最終歸於道，歸於自然。它又是獨一無二的，永恆不變的，它不會隨著任何事物的變化而消失。在文中，「道」為事物運行的法則，既可用於修身，也可用於輔佐王侯治理天下。「道」無論是用於修身，還是治國，其宗旨是「無為」。所謂無為，並不是無所作為，而是不妄為，不強為。只有這樣，天下萬物才能在自然狀態有序地生存。

怎樣才能「守道歸樸」呢？簡文運用比喻的手法，用江海之所以容納百川，是因為處在百川之下，這樣百川才歸注江海來作喻，聖人要想處高位，而讓天下的百姓歸順，只有效法江海謙虛自下，讓百姓不覺得累，不受到傷害，這樣天下的百姓才樂於擁戴他。

表現在修身方面，就是要排除私欲，超脫紛爭。為人處事時不倨傲自滿、沽名釣譽，人的思想處於一種輕鬆自然、知足知樂，不顯不露的境界，要達到這樣的境界，須具備謹慎、警醒、嚴肅、灑脫、融和、純樸、曠達、深厚等人格修養功夫。具體到行事時，就是要從每件具體的、細小的、眼前的事做起，不要好高騖遠，急於求成，這樣才能輔佐王侯治理好天下。

在本篇中，還蘊含許多哲學思想，如量變到質變的規律、事物之間相互轉化的規律等等，都是《老子》甲篇的精華，國內外學者們通過深入研究，有人

認為本篇作者為春秋時期的老聃。

乙

治人事天莫若嗇。夫唯嗇，是以早服，是謂〔重積德。重積德則無不克，無〕不克則莫知其極，莫知其極可以有國。有國之母，可以長〔久，是謂深根固柢之法〕，長生久視之道也。

（為）學者日益，為道者日損。損之或損，以至無為也。無為而無不為。

絕學無憂。唯與阿，相去幾何？美與惡，相去何若？人之所畏，亦不可以不畏人。寵辱若驚，貴大患若身。何謂寵辱（驚）？寵為下也，得之若驚，失之若驚，是謂寵辱驚。〔何謂貴大患〕若身？吾所以有大患者，為吾有身。及吾無身，或何〔患？故貴以身於〕為天下，若何以托天下矣；愛以身為天下，若何以去天下矣。

上士聞道，勤能行於其中。中士聞道，若聞若無。下士聞道，大笑之。弗大笑，不足以為道矣。是以建言有之：明道如昧，夷道〔如類，進〕道若退。上德如谷，大白如辱，廣德如不足，建德如〔偷，質〕真如愉，大方無隅，大器慢成，大音希聲，大象無形，道〔善始且善成〕。

閉其門，塞其兌，終身不悔。啟其兌，塞其事，終身不逮。

大盛若缺，其用不敝。大盈若盅，其用不窮。大巧如拙，大成如詘，大直若屈。

燥勝蒼，清勝熱，清靜為天下正。善建者不拔，善抱者不脫，子孫以其祭祀不屯。修之身，其德乃真。修之家，其德有餘。修之鄉，其德乃長。修之邦，其德乃豐。修之天下，〔其德乃善。以家觀〕家，以鄉觀鄉，以邦觀邦，以天下觀天下。吾何以知天〔下然？以此。〕

存簡 18 枚，竹簡兩端平齊，簡長 30.6 釐米。兩道編連線，編連線間距 13 釐米。每簡字數大多在 21～26 字之間，共 390 字。本篇與《老子》甲相比，兩者竹簡形制不同，前者簡兩端平齊，後者簡兩端呈梯形；長短不同，《老子》乙簡長較《老子》甲短 1.7 釐米；但兩者的編連線間距是相等的。根據古代文獻記載，典籍類的竹簡，因其內容的重要性不同而有長短的差別。可見，郭店簡《老子》甲、乙、丙三組，分別使用了三種不同長度的竹簡，有其特殊

用意，是經過簡書的作者刻意安排的。在簡書的作者看來，《老子》甲組內容最重要，乙組次之，丙組再次之。

《老子》乙對應今本的章次依次為：59 章、58 章上段、20 章上段、13 章、41 章、52 章中段、45 章、54 章，共 8 章的內容。簡本的分章與今本不一致，內容上也有些差別。

《老子》乙篇的中心思想是談如何用道來修身養德、治國。認為在治人事天的活動中，要注重德的積累，積累了德，然後才能了解「道」，這個「道」是作為社會生活依據的客觀法則，也是治國的根本、修身養德的內容。圍繞道的這一功能，簡文中處處顯示了對於道在形式與內容，現象與本質等方面智慧的哲學思考。

認為天天學習知識的人，一天比一天驕傲自滿，而從事於道的人則一天比一天更嚴格自我貶損，為什麼呢？因為從事於道的人要想達到一種理想的境界，只有自己嚴格要求，克制私欲，不自傲於人，謙恭自下，這樣才能真正做到清靜無為。但這種貶損，並不是不愛惜自身，而是十分愛身自重。如果一個人沒有私己之心，那就沒什麼憂慮了，也不會去患得患失，更不會去以受辱為恩寵了，一個人如果做到了這些，那麼他就可以在任何人面前傲然獨立，保持自己完整的個體人格。

對於貪欲，簡文是反對的，所以簡文作者要關閉欲望的門徑，堵塞使人產生欲望的孔道，認為這樣人就終身不會有煩惱。因為禍患來自於過多的欲望，災難源自於無止境的貪求，禍害源於不知滿足。所以簡文認為人對任何事物都不應作過分的要求，要自知滿足，只有這樣，才會「知足常樂」。

用道來養德修身的最終目的是什麼呢？是治理國家。簡文從燥動能克服寒冷，心靜能克服暑熱引出清廉恬淡能克服貪欲，從而使天下安定，達到治國安邦的作用。並將這一道理推己及人，人的德性也就會真實純正，推及到一個家庭，則德會使家豐盈有餘；推及到一鄉（過去鄉的概念與現在不同），則德會得到張揚；推及到一個國家（指古代邦國），則德就會擴大；推及到普天之下呢，則德就會普澤天下。修身的原則是立身處世的根基，只有鞏固了修身的根基，才可以治理好家、鄉、國乃至天下。在這點上，儒家的「修身、齊家、治國、平天下」與道家是相通的，只不過儒家主張用「格物、致知、誠意、正心」來達到目的，而道家則主張對自我的修煉，由一己及人達到治理好家、

鄉、國、天下的目的。

丙

太上，下知有之；其次，親譽之；其次，畏之；其次，侮之。信不足，安有不信，猶乎其貴言也。成事遂功，而百姓曰我自然也。故大道廢，安有仁義。六親不和，安有孝慈。邦家昏〔亂〕，安有正臣。

執大象，天下往。往而不害，安平大。樂與餌，過客止，故道〔之出言〕，淡阿其無味也。視之不足見，聽之不見聞，而不可既也。

君子居則貴左，用兵則貴右。故曰兵者〔非君子之器，不〕得已而用之，恬淡為上，弗美也。美之，是樂殺人。夫樂〔殺，不可〕以得志於天下，故吉事上左，喪事上右。是以偏將軍居左，上將軍居右，言以喪禮居之也。故殺〔人眾〕，則以哀悲莅之，戰勝則以喪禮居之。

為之者敗之，執之者失之。聖人無為，故無敗為；無執，故〔無失也〕。慎終若始，則無敗事矣。人之敗也；恒於其且成也敗之。是以〔聖〕人欲不欲，不貴難得之貨；學不學，復眾之所過。是以能輔萬物之自然，而弗敢為。

本篇存 14 枚簡，每簡字數 19～23 個，共 268 字。簡的形制為兩端平齊，簡長 20.6 釐米，簡上有兩道編連線，編連線間距 10.8 釐米。篇中使用了分章號、句讀號、重文或合文號。

《老子》丙自身分為四章，包括傳世本《老子》的 17 章，35 章，31 章中、下段，64 章下段共四章的內容，簡本的分章與傳世本的分章不能對應。

本文的中心思想是論述「道」與治國。

簡文談了不同等次的統治者，老百姓對他的態度。

英明的統治者，老百姓對他的態度是：只知道他們有這樣的一位賢君，並不去加以任何評價。因為英明的賢君實施了讓老百姓順其自然的統治策略，所以老百姓幾乎是感受不到他們還有一位高高在上的統治者。

比英明的賢君次一等的統治者，老百姓對他的態度是：都想親近他，並讚揚他。為什麼呢？因為這類統治者實施的策略，確實讓老百姓得到了好處，得到了實惠，但讓老百姓感受到的卻是：這些好處、實惠是統治者給他們的，為了讓自己得到更多的好處與實惠，老百姓都爭先恐後地去和統治者親近，用優

· 25 ·

美動聽的話語來讚揚他。

再次一等的統治者，老百姓對他的態度是：都害怕他，盡量避開他。這又是為什麼呢？因為這類統治者實行的是強制性的統治，用嚴格的刑法來強迫老百姓服從，讓老百姓覺得這樣做不行，那樣做也不行，稍不注意就會有受到嚴厲刑法處罰的危險，所以老百姓對統治者畏而避之，偶爾遇到了也噤若寒蟬。

統治者對老百姓沒有誠信，老百姓又怎麼會去信任他呢？所以順應民心、民意，讓老百姓辦好事情，成就功業，這才是最自然最有效的統治。

社會上之所以出現仁義、孝慈、正臣，這些都是由於統治者造成的，英明的賢君所倡導的大道被廢棄了，於是才有提倡仁義的必要，家庭出現了不和睦，才有提倡孝與慈的必要；國家陷入混亂，也才有需要忠臣的要求。

造成以上這些社會現象的原因是什麼呢？在道家學者看來，都是因為天下沒有遵循「道」而造成的。道是什麼呢？不可言，但「道」的作用和影響是巨大的，誰掌握了「道」，則天下的百姓都會歸依他，社會就會安定祥和。如果說「道」能夠說清道明的話，那麼道就不是真正的「道」了，真正的「道」，我們看不見，聽不到，卻又不能失去它，因為它的作用是無限制、無窮盡的。如此說來，「道」似乎有些神祕了，其實不然，「道」──是事物發展的規律，只要統治者掌握並順應這個規律，天下就會人心歸向，太平盛世。

春秋戰國時期，諸侯國林立，各國間戰爭不斷，給人們帶來了巨大的災難。簡文作者反對戰爭，認為不是在迫不得已的情況下，不要用戰爭的方式來解決矛盾。因為戰爭會奪去交戰雙方許多無辜的生命。確實不得已使用了武力，也要用很淡漠的態度去處理，不要以武力逞強，更不要隨意殺人。如果以殺人為快樂，那是與天下背道而馳。簡文作者還認為對死於戰爭的人，要表示內心的哀傷與悲痛，並以凶喪的禮儀來妥善安置。總之，無論是統治老百姓，還是不得已而發動戰爭，都要遵循「道」，順其自然。

一個人如果有所企圖（如希望得到好處，升遷之類）去辦一件事，這事不一定會成功。聖人做事，沒有任何企圖，所以做任何事都能成功，因為聖人順應了事物發展變化的規律。很多人做一件事不能持之以恆，常常在快要成功的時候失敗了，為什麼？因為在他們快要成功時，思想已經開始懈怠，不像開始時那樣富有熱情，那樣有耐心。也就是我們現在通常所說的，做事虎頭蛇尾，這樣當然不會成功了。所以，做任何事都要持之以恆，即使到最後，也要像開

始時那樣認真謹慎地對待，這樣才會不斷獲得成功。

聖人同常人的區別在哪裡呢？聖人之所以同常人不一樣，是因為他以沒有貪欲為自己的欲望，不以稀有的物品為珍貴，不以學為學，並使有過失的人知錯就改。而常人有這樣或那樣的欲望，患得患失，為學習而學習，以自己據有某種珍貴的東西而沾沾自喜。聖人這樣處事遵循了事物發展的自然規律，沒有妄加干擾、破壞。這就是聖人和常人的區別。

太一生水

太一生水，水反輔太一，是以成天。天反輔太一，是以成地。天地 復 相 輔 也，是以成神明。神明復相輔也，是以成陰陽。陰陽復相輔也，是以成四時。四時復（相）輔也，是以成倉熱。倉熱復相輔也，是以成濕燥。濕燥復相輔也，成歲而止。故歲者，濕燥之所生也。濕燥者，倉熱之所生也，倉熱者，（四時之所生也）。四時者，陰陽之所生（也）。陰陽者，神明之所生也。神明者，天地之所生也。天地者，太一之所生也。是故太一藏於水，行於時，周而或 始 以 己 為 萬物母；一缺一盈，以己為萬物經。此天之所不能殺，地之所不能埋，陰陽之所不能成。君子知此之謂……

天道貴弱，削成者以益生者，伐於強，責於……

下，土也，而謂之地。上，氣也，而謂之天。道亦其字也，青昏其名。以道從事者，必托其名，故事成而身長。聖人之從事也，亦托其名，故功成而身不傷。天地名字並立，故過其方，不思相⎵⎵⎵⎵於西北，其下高以強。地不足於東南，其上□□□□□□□者，有餘天下。不足於下者，有餘於上。

本篇存簡 14 枚，每簡字數 21～24 個，本篇總字數 264 個。竹簡形制、長短均與《老子》丙相同，即兩端平齊，簡長 20.6 釐米，編連線兩道，編連線間距 10.8 釐米。由於這兩篇簡文在竹簡形制上的共同性，有學者認為《老子》丙與《太一生水》應是一篇文章，不應分作兩篇。但從竹簡內容看，大多數學者還是認為將《太一生水》單獨成一篇為宜。本篇有句讀號、分章號、重文、合文號。

　　《太一生水》由於其思想內容與《老子》緊密相關而歸入道家文獻。簡文中論及的宇宙生成演化論承傳並發揮了老子的思想，並具有不同於老子思想的獨特性。中國社會科學院龐樸先生認為本篇的中心內容是一幅有機的宇宙生成圖式。

　　「太一」是什麼呢？對這個問題簡文沒有直接回答。學者們各有自己的理解：有的認為「太一」就是「道」，或認為「太一」是宇宙之始，是無形無象的一種混沌狀態。

　　為什麼「太一」首先生出來的是水而不是其他具體的物質或現象呢？老子認為「水」的性質與「道」的德性差不多，幾乎是與「道」一致。道生養萬物而與萬物無爭，道接納萬物的回歸，處於最謙卑最低下的地方；水與「道」一樣，滋潤養育萬物而不與萬物相爭，並總是處於最低下的地方，能容納一切。「道」和「水」不僅作用一樣，而且性情也相同，都很柔弱，能勝過一切最剛強的東西。所以「太一」先生出「水」來。太一生出水以來，水反過來輔佐太一，然後生成天，天反過來輔佐太一，然後生成地，天與地互相輔佐，然後生成神明，依此類推，然後生成陰陽、四時、滄熱、濕燥，直至生成歲才停止。這個「歲」是古代農作物一年一熟的時間。

　　在傳世本《老子》一書中，也有宇宙生成演化的過程，認為道是萬物之源，道先生出一，然後一生二，二生三，三最後生出萬物來，這是一種直線性的單向生成模式。而太一生水表述的則是一種循環性的運動生成模式，這也是本篇宇宙論思想的可貴之處。

　　古人認為氣很輕，上升後成為天，懸浮物很重不斷下沉便形成了地。天、地就這樣有了自己的名字，但名字與事實是不是相符呢？古人限於思維，認為中國的地理地貌西北高，東南低，是在天地形成的時候，天的西北不完備，所以地就高而略多，以補天的不足，地東南不完備，所以天就低而略少，以補地的不足。這樣一來，天地名實就相符了。儘管這是古人樸素的思維方式，但在今天仍有現實意義。我們常說的「損有餘而奉不足」，意即富裕的人將多餘部分拿出來供奉給貧困之人。當然現實並非那麼完美，我們看到的還有另一面，那就是「損不足而奉有餘」，從古至今，這一現象都在延續。

　　人類的思想總會囿於歷史的侷限，從玄妙縹緲的道與太一到實物形態的水，二千多年前的人們能把眼光轉向自然，從自然界本身來說明自然界，又從

自然界來認識人事變化規律，實屬難能可貴。水是生命中不可缺少的元素，古代的人們早已認識到了它對於日常生活和社會生產的特殊意義，直至現在，在南方農村還殘存有「水生萬物」這種思想。古代社會史是一部人類與水相互依存、相互鬥爭的歷史，而哲學的命題離不開當時的社會實踐和社會文明，「水」就這樣與哲學結下了幾千年的緣分。

第五章

罕見的儒家經典

「儒」，《說文解字》：「柔也。術士之稱。從人需聲」。《辭源》：「古代從巫、史、祝、卜中分化出來的人，也稱術士。後泛指學者。」

儒家以孔子為其創始人。孔子是春秋時期偉大的思想家、教育家，他在思想上、教育上開創的理論影響了中國文化幾千年。《論語》中的「有教無類」、「誨人不倦」、「不恥下問」等富含哲理的格言激勵了一代又一代的師長與學子。

孔子生活在春秋末年，對當時日漸頹廢的社會之風頗感憂慮，他站在氏族貴族的立場上，對從原始巫術禮儀演化而來的，維護氏族貴族的「周禮」，採取了堅決捍衛的態度。但他意識到，用強制性的手段使人們遵循周禮又不太實際，因而孔子創造性地採取了以「仁」釋「禮」的辦法，試圖說明「禮」不是什麼外在之物，它根植於人的內心，是人的本性，是每一個人都應當有而且能夠實行的東西，這就是孔子的仁學。在孔子看來，「禮」所規定的上下等級、尊卑老幼的秩序，並不是人為的強制的東西，而是建立在氏族血緣關係基礎上的親子之愛，是人性的內心欲求。他認為人與人生下來後性情是差不多的，只不過是由於後來習俗、習慣的不同才慢慢拉開了差距，這也就是我們常說的「性相近，習相遠」。

孔子死後，據文獻記載，儒學分為八派：有子張之儒、子思之儒、顏氏之儒、孟氏（孟子）之儒、漆雕之儒、仲良之儒、孫氏（荀子）之儒、樂正之儒等。這八派儒學之分，並非當時完成，而是後學者根據他們不同的思想主張而劃分的。也就是說在孔子之後，孔子的弟子及再傳弟子分別從不同的角度來闡述他的觀點。至於他們是如何闡述的，由於沒有確鑿的文獻資料，我們無從全部知曉。其中有一位的思想從文獻中我們可以知道較多信息，那就是孟子。

　　孟子是孔子之後先秦儒學的集大成者。他的思想深受孔子學說的的影響。繼承並發揚了孔子學說中「仁」的思想，形成了頗具自己特色的「仁政」、「仁義」的社會思想，第一次提出了「人性善」的觀點。孔子認為人性無所謂善與不善，只要是人，生下來就有性。而孟子則認為人生來性情本來就是善良的，但由於後天的社會環境影響，人性才有善惡的變化。孟子還提出了「民貴君輕」的主張，認為統治者應該以天下百姓為根本，這樣才會治理好國家。

　　從孔子到孟子相隔近兩百年，孔子的「性相近、習相遠」是如何發展到孟子的「性本善」的呢？歷代學者都感到困惑，因為傳世文獻中沒有這方面的可靠資料。這些資料哪兒去了呢？在先秦時期這些資料是有的，由於秦始皇的「焚書坑儒」政策給毀了，所以才見不到這批資料。所幸的是，埋在楚國貴族墓中的郭店楚簡逃過了這一劫。郭店楚簡中共有 14 篇儒家文獻，除《緇衣》篇有傳世本，曾載於《禮記》一書中，《五行》篇曾見於湖南長沙馬王堆帛書外，其餘均為失傳了兩千多年的先秦佚籍，所以稱這批儒書為罕見的儒學經典一點也不過分。

　　這批儒學經典在一定意義上解決了孔子到孟子之間學術思想發展的理論問題，或者說是郭店楚簡儒家文獻填補了孔子到孟子之間發展的理論空白，為我們研究早期儒家譜系及儒家與其它學派之間的關係提供了難得的實物資料。

　　郭店楚簡的 14 篇儒家文獻，除《五行》篇為自名篇題外，其餘 13 篇的篇題均為整理者根據簡文內容而擬加。這 14 篇儒家文獻分別是：《緇衣》、《魯穆公問子思》、《窮達以時》、《五行》、《唐虞之道》、《忠信之道》、《成之聞之》、《尊德義》、《性自命出》、《六德》、《語叢一》、《語叢二》、《語叢三》、《語叢四》。

　　郭店楚簡儒家文獻各篇的年代不完全一致，但各篇間的聯繫是顯而易見的，李學勤先生認為可將儒家作品分為兩組，一組為《緇衣》、《五行》、《成之聞之》、《尊德義》、《性自命出》、《六德》；另一組為《魯穆公問子思》、《窮達以時》、《唐虞之道》、《忠性之道》。並認為第一組的作者是子思，第二組中《唐虞之道》、《忠性之道》兩篇的書寫文字風格並非楚文字，但其思想內容與子思有關。而語叢四篇簡文是墓主人身前教學用的書。大致是將郭店儒家文獻歸為思孟學派的作品。也有學者不贊同這種說法，而從地域特點和內容分析，認為郭店儒家文獻的作者是南方儒家，並非北方儒家。

　　無論郭店儒家文獻的作者是南儒還是北儒，有一點可以明白：那就是郭店儒家文獻的內容填補了先秦儒學發展史上的理論缺環，在中國古代哲學史、思想史、文化史等方面有著極高的學術價值。

緇　衣

　　夫子曰：好美如好緇衣，惡惡如惡伯，則民臧扢而刑不屯。《詩》云：「儀刑文王，萬邦作孚。」

　　子曰：有國者章好章惡，以示民厚，則民情不弌。《詩》云：「靖共爾位，好是正直。」

　　子曰：為上可望而知也，為下可類而志也。則君不疑其臣，臣不惑於君。《詩》云：「淑人君子，其儀不弌。」《尹誥》：「唯伊尹及湯，咸有一德。」

　　子曰：上人疑則百姓惑，下難知則君長勞。故君民者，章好以示民欲，謹惡以渫民淫，則民不惑。臣事君，言其所不能，不辭其所能，則君不勞。《大雅》云：「上帝板板，下民卒癉。」《小雅》云：「非其止之，共唯王恭。」

　　子曰：民以君為心，君以民為體。心好則體安之，君好則民欲之。故心以體廢，君以民亡。《詩》云：「誰秉國成，不自為正，卒勞百姓。」《君牙》云：「日溶雨，小民唯日怨。晉冬者滄，小民亦唯日怨。」

　　子曰：上好仁，則下之為仁也爭先。故長民者，章志以昭百姓，則民致行己以悅上，《詩》云：「有梏德行，四方順之。」

　　子曰：禹立三年，百姓以仁道，豈必盡仁。《詩》云：「成王之孚，下士之式。」《呂刑》云：「一人有慶，萬民賴之。」

　　子曰：下之事上也，不從其所以命，而從其所行。上好此物也，下必有甚安者矣。故上之好惡，不可不慎也，民之表也。《詩》云：「赫赫師尹，民具爾瞻。」

　　子曰：長民者衣服不改，從容有常，則民德一。《詩》云：「其容不改，出言有訓，黎民所信。」

　　子曰：大人不親其所賢，而信其所賤，教此以失，民此以變。《詩》云：「彼求我則，如不我得。執我仇仇，亦不我力。」《君陳》云：「未見聖，如其弗克見。我既見，我弗迪聖。」

子曰：大臣之不親也，則忠敬不足，而富貴已過也。邦家之不寧也，則大臣不治，而褻臣託也。此以大臣不可不敬，民之蕝也。故君不與小謀大，則大臣不怨。《祭公之顧命》云：「毋以小謀敗大作，毋以嬖御息莊後，毋以嬖士息大夫、卿士。」

子曰：長民者教之以德，齊之以禮，則民有勸心；教之以政，齊之以刑，則民有遁心，故慈以愛之，則民有親；信以結之，則民不倍；恭以蒞之，則民有遜心。《詩》云：「吾大夫恭且儉，靡人不斂。」《呂刑》云：「非用旨，制以刑，惟作五虐之刑曰法。」

子曰：政之不行，教之不成也，則刑罰不足恥，而爵不足勸也。故上不可以褻刑而輕爵。《康誥》云：「敬明乃罰。」《呂刑》云：「播刑之迪。」

子曰：王言如絲，其出如綸。王言如索，其出如綍。故大人不倡流。《詩》云：「慎爾出話，敬爾威儀。」

子曰：可言不可行，君子弗言；可行不可言，君子弗行。則民言不危行，（行）不危言。《詩》云：「淑慎爾止，不愆於儀。」

子曰：君子道人以言，而亘以行，故言則慮其所終，行則稽其所敝，則民慎於言而謹於行。《詩》云：「穆穆文王，於緝熙敬止。」

子曰：言從行之，則行不可匿。故君子顧言而行，以成其信，則民不能大其美而小其惡。《大雅》云：「白圭之石，尚可磨也，此言之玷，不可為也。」《小雅》云：「允也君子，展也大成。」《君奭》云：「昔在上帝，割紳觀文王德，其集大命於厥身。」

子曰：君子言有物，行有格，此以生不可奪志，死不可奪名。故君子多聞，齊而守之；多志，齊而親之；精知，略而行之，《詩》云：「淑人君子，其儀一也。」《君陳》云：「出入自爾師虞，庶言同。」

子曰：茍有車，必見其第。茍有衣，必見其敝。人茍有言，必聞其聲；茍有行，必見其成。《詩》云：「服之無斁。」

子曰：私惠不懷德，君子不自留焉。《詩》云：「人之好我，旨我周行。」

子曰：唯君子能好其匹，小人豈能好其匹。故君子之友也有向，其惡有方。此以邇者不惑，而遠者不疑。《詩》云：「君子好逑。」

子曰：輕絕貧賤，而厚絕富貴，則好仁不堅，而惡惡不著也。人雖曰不利，吾弗信之矣。《詩》云：「朋友攸攝，攝以威儀。」

子曰：宋人有言曰：「人而亡恒，不可為卜筮也。」其古之遺言與？龜筮猶弗知，而況於人乎？《詩》云：「我龜既厭，不我告猶。」

本篇存簡 47 枚，每簡字數 22～29 個，總字數 1153 個。竹簡兩端均削成梯形，簡長 32.5 釐米，有兩道編連線，編連線間距為 12.8～13.0 釐米，篇中使用了重文、合文及分章符號，篇末無分篇號。

緇，黑色。緇衣，古代用黑色帛做的朝服。《緇衣》原是《詩經‧國風‧鄭風》中的一首詩的篇名。這首詩的內容如下：

緇衣之宜兮，敝，予又改為兮。

適子之館兮，還，予授子之粲兮。

緇衣之好兮，敝，予又改造兮。

適子之館兮，還，予授子之粲兮。

緇衣之席兮，敝，予又改為兮。

適子之館兮，還，予授子之粲兮。

這首詩的本義是作者讚美自己做的緇衣既合身又漂亮，一旦破舊了就改做新的，等丈夫回來後就交給他。詩中沒有說明鄭武公，但根據詩意可知歌頌的對象應為貴族，所以《詩序》稱這首詩是讚美鄭武公好賢之詩。

《緇衣》作為篇名，還見於《禮記》一書中，其內容主要是講統治者如何才能有德政功績。《禮記‧緇衣》全文分為二十五章。

簡本《緇衣》根據簡上標記的二十三個分章符號，及篇末的「二十又三」，全文分為二十三章。

《禮記‧緇衣》與簡本《緇衣》的章數及章次順序都不一樣，前者比後者多三章，簡本對應《禮記‧緇衣》的順序為 2、11、10、12、17、6、5、4、9、15、14、3、13、14、15、8、24、19、23、22、20、21、25，簡本沒有《禮記‧緇衣》的第 1、16、18 章。

簡本《緇衣》是一篇表達儒家的政治學思想的理論著作，通篇都是對統治者提出的道德倫理要求。簡文二十三章，行文格式整齊，每章均以「子曰」開頭，表明作者的觀點，然後引《詩經》、《尚書》中的相關內容來進一步論證作

者的觀點，且引文按《詩》、《書》的先後順序，有嚴格的規律。

簡文認為，一國之君對臣民的道德影響力是巨大的。國君如果崇尚仁德，那麼臣民也會爭先恐後地行仁義之事。大禹即位三年後，因為他行仁道，所以臣民都以他為表率，大行仁義之道。臣民事奉君王，並不是看他的政令如何，而是看他在做什麼，然後仿效他。假如君王喜歡一樣東西，那麼他的臣民對這樣東西的愛好肯定會勝過君王，所以說君王的喜與惡在臣民面前要慎之又慎。

即使是穿著、服飾、行為舉止也是如此，如果君王制訂了相應的服飾、禮儀制度，不隨意更改，君王也照制度執行，那樣臣民對君王就倍加信任，民風也就淳樸一致。君王言談時還要特別謹慎，不能說沒有根據的話，更不能在話說出來後不去實行，也不能去做可以做卻不知道為什麼要這樣做的事。總之，君王要言行一致，作臣民的表率，只有這樣他統治的天下才能國泰民安。

作為君王不僅自己要做好表率，還要善於引導臣民，對美好的善行與邪惡的東西都要讓臣民明瞭，使臣民知道美與醜、善與惡的區別，並引導臣民從善、從美而遠惡，使臣民樸實專一。如果大臣上對君王忠心耿耿，而下不體恤百姓的話，那是因為他過分享受了富貴的原因。他怎麼會過分地富且貴呢？還是因為君王對那些拿了國家的俸祿卻沒認真踏實幹事的大臣寵愛所致，滋長了他的驕奢，所以君王一定要擦亮眼睛，明清是非，親賢臣，遠小人，不要使自己在百姓心中失去表率的作用。

君與民的關係，如唇齒相依，唇亡則齒寒；也如心臟與身體的關係，民以君為心，君以民為體。心好則身體安，君好則民情純，天下百姓也安居樂業。心臟需要身體的保護，否則就會受到傷害；君王有了民眾才存在，失去民眾，也就失去了賴以存在的基礎，最後將會遭到滅亡。對於民眾，簡文認為應對他們用德來加以引導，用禮來加以規範，而不是用法制來約束，用刑罰來實行強制性管理。對民眾不能用刑罰，但對邪惡之人可施用刑罰，這樣可起到殺一儆百的作用，只是不能濫用。封賞也不能隨便給人，對政績特別突出者可以給予獎賞。一句話，君王要賞罰分明，只有這樣，臣子、民眾才會順從。民眾與君王上下一心，親密無間，就不會產生背叛逆反心理。

簡文還講了君王應清正廉潔、廣交朋友、做事持之以恆等美德，只有這樣，國家才能得到很好的治理，君、臣、民才能很和諧地相處下去。

大多數學者認為簡本優於《禮記·緇衣》本，簡本的分章較《禮記·緇

衣》更合理，內容更精練。簡本《緇衣》的成書時代早於《禮記·緇衣》。

魯穆公問子思

魯穆公問於子思曰：「何如而可謂忠臣？」子思曰：「恆稱其君之惡者，可謂忠臣矣。」公不悅，揖而退之。

成孫弋見，公曰：「向者吾問忠臣於子思，子思曰：『恆稱其君之惡者，可謂忠臣矣。』寡人惑焉，而未之得也。」成孫弋曰：「噫，善哉言乎！夫為其君之故殺其身者，嘗有之矣；恆稱其君之惡者，未之有也。夫為其君之故殺其身者，效祿爵者也；恆稱其君之惡者，〔遠〕祿爵者也。為義而遠祿爵，非子思，吾惡聞之矣。」

本篇共 8 枚簡，每簡字數 20～22 個，共 141 字。竹簡的形狀為兩端削成梯形，有兩道編連線，編連線間距為 9.6 釐米。文中有句讀號、重文號，篇末有分章符號。

簡文記錄了魯穆公、子思及成孫弋三個人的對話，其內容是講什麼樣的臣可稱之為忠臣。

我們先弄清文中的三個人物：

魯穆公，東周時期魯國的國君，在位時間是西元前 409 年至西元前 337 年。

子思，西元前 483～西元前 402 年，戰國初期的哲學家。孔子的孫子。相傳他曾受業於曾子。他把儒學的道德觀念「誠」說成是世界的本源，以「中庸」為其學說的核心。孟子曾受業於他的門人，將其學說加以發揮，形成了思孟學派。後被封建統治者尊為「述聖」。《漢書·藝文志》著錄了《子思》二十三篇，已失傳。現存《禮記》中的《中庸》、《表記》、《坊記》等，相傳是他的作品。他是魯國的卿士，魯穆公的老師。

成孫弋，姓成，名孫弋。是與子思大約同時的魯國卿士。

有一天，魯穆公與子思在一起討論問題，問什麼樣的人才能稱得上忠臣。春秋戰國時期，將侍奉君主真心誠意，毫無貳心的人視為忠臣。魯穆公以為子思會做出類似的回答，可是子思卻答道：「經常指出君主的過失，這樣的人才

稱得上忠臣。」魯穆公聽後，很不高興，但子思畢竟是他的老師，魯穆公對老師是很尊敬的，最後還是很禮貌的送走了子思。

送走子思以後，魯穆公心裡一直納悶，不知子思對忠臣下這樣的定義到底是什麼意思，於是他召見了成孫弋。魯穆公說：「剛才我問子思什麼樣的人叫忠臣，子思說經常指責君主過失的人才稱得上忠臣，我不明白他的意思。」成孫弋聽了很激動，說子思回答得非常好，並說我曾聽說過甘願為了君主而捨棄自己生命的人是忠臣，未聽說過經常指責君主過失的人亦是忠臣。為了君主的緣故寧願捨棄自己生命，不論這位臣子主觀上是為義還是為利，事實上都與高官俸祿緊緊地連在一起了。而經常指責君主過失的臣子，如果遇到了開明的君主，性命還可保住，但如果遇到不開明的君主，不僅勞而無功，反而還會招來殺身之禍，哪裡還有高官俸祿可言呢？仁義是做人的根本，為了義而不要高官俸祿，除了子思之外，我沒聽說過還有別人。

以上兩段為簡文的全部思想，內容雖然不多，但通過一問一答的形式揭示了子思「忠臣」說的人學內涵，熱情讚揚了儒家的理想人格。

窮達以時

有天有人，天人有分。察天人之分，而知所行矣。有其人，無其世，雖賢弗行矣。苟有其世，何難之有哉？

舜耕於歷山，陶拍於河浦，立而為天子，遇堯也。邵繇衣胎蓋冒経蒙巾，釋板築而佐天子，遇武丁也。呂望為臧棘津，戰監門來地，行年七十而屠牛於朝歌，舉而為天子師，遇周文也。管夷吾拘繇弃縛，釋桎梏而為諸侯相，遇齊恒也。百里轉鬻五羊，為伯牧牛，釋板柽而為朝卿，遇秦穆。孫叔三射恒思少司馬，出而為令尹，遇楚莊也。

初滔酺，後名揚，非其德加。子胥前多功，後戮死，非其智衰也。驥駒張山，駿穴於邵來，非無體壯也，窮四海，致千里，遇造父也。遇不遇，天也。動非為達也，故窮而不〔怨，隱非〕為名也，故莫之知而不吝。〔芝蘭生於幽谷〕，〔非以無人〕嗅而不芳。無蓉菫逾寶山，石不為〔開，非以其〕善怀已也。

窮達以時，德行一也。譽毀在旁，聽之弋母之白不釐，窮達以時。幽明不

再，故君子敦於反已。

　　本篇存簡 15 枚，每簡字數 18～23 個，共 288 字。竹簡兩端均削成梯形，簡長 24.6 釐米，有兩道編連線，編連線間距 9.4～9.6 釐米。本篇竹簡形制及簡文字體與《魯穆公問子思》篇相同。文中有句讀號、重文號和分章號。

　　「窮」，窮困；「達」，顯達；「以」，憑藉，依靠；「時」，時機，時世。題意為一個人窮困或顯達需憑藉好的時機，遇到好的世道、好的君王。

　　本篇簡文的部分內容在古文獻《荀子·宥座》、《韓詩外傳》、《新序·雜言》中有記載。

　　本文以天與人的關係貫穿全文。這裡所講的「天」，不是自然之天，而是命運之天。近代哲人馮友蘭先生認為中國文字中的「天」一詞至少有六種意義：即物質之天，主宰之天或意志之天，命運之天，自然之天，義理之天，道德之天。簡文所講的是命運之天，相對於人而言，表現為世道、時機、偶然性等，是人的個體力量無法預見也不可捉摸的偶然因素。

　　世界上的人事很複雜，難以預料，並非是好人有好報，壞人就有惡報；也不一定是與人為善上天報以福壽，與人為惡上天報以禍害；有時甚至是一生與人為善、功績顯著、德高望重的人卻得到惡報，令人痛心疾首地質問上天：天啊，為何這樣的好人要報他以怨呀？有時一個人一生無惡不作，一事無成，壞事做盡，卻逍遙法外，過著悠閒自在的日子。這些在現實中都不乏其例。

　　一個人一生成敗與否，與他的機遇有關。簡文列舉了古代幾位英明賢人，因遇到賢君而顯達的例子。

　　傳說中五帝之一的舜，曾在歷山耕田種植，在河浦燒陶製器具，因為他有才有德，最終得到了堯的賞識，堯便將天子之位禪讓給了他。

　　商代一個名叫邵的人，家境困難，平時用粗布蒙頭，衣襟褸襤，後來遇到了商王武丁，得到了重用，成為商武丁時期的一位重臣。

　　大家很熟悉的姜子牙，俗稱姜太公，早年生活過得艱難困苦，七十歲了都未被智者識用，天天在河邊釣魚，直到有一天，周文王在河邊看到他後才被啟用，暮年發跡，最後輔佐周武王滅掉了無道的商紂王。

　　管仲本是一囚徒，後來經鮑叔牙推薦，說管仲如何有才，得到了齊桓公的賞識，並任命他為卿士，尊稱為「仲父」。在齊國進行了各項改革，最後使齊

桓公成為春秋第一霸主。

虞國的大夫（古代官名）百里奚，被晉國軍隊擄去當了俘虜，後來作為陪嫁之臣送入秦國，在秦國時又逃到楚國，被楚國人抓住，秦穆公用五張牡黑羊皮將他贖回，並起用他，位至大夫。因為他是秦穆公用五張羊皮換回來的，所以歷史上又稱他為「五羖大夫」。後來百里奚與蹇叔、由餘等共同輔佐秦穆公建立了霸業。

春秋時期楚國人孫叔敖，曾經三次出任楚令尹（楚國官名），被楚莊王重用，邲之戰時，輔佐楚莊王指揮楚軍大勝晉軍。

上述六位古賢人開始時境況並不好，也不被重視，後來卻名聲顯揚，並不是他們的才智與德行較以前增加了，而是他們遇到了聖明君主的緣故。可見「遇」在一個人一生中還是很重要的，但並不是每個人一生中所有的「遇」都能給自己帶來好運，遇的對象不同，命運也不一樣。這個「遇」有歷史的必然性，也有現實的偶然性。

簡文又舉了兩個例子來說明因「遇」的對象不同，而帶來的兩種不同命運。

春秋時期楚國大夫伍奢被楚平王所殺，他的兒子伍子胥逃到吳國避難，在吳國，伍子胥幫助吳王闔閭刺殺吳王僚，奪得了王位，並得到了吳王闔閭的重用。然而吳王闔閭死後，到了吳王夫差時，伍子胥卻因勸阻吳王拒絕向越國求和、停止攻打齊國而遭吳王的冷落，漸漸被吳王疏遠，最後被吳王夫差賜死。伍子胥的才智與德行在吳王闔閭和夫差時並沒有發生變化，卻有兩種不同的命運，是因為他遇到了不同君主的緣故。

千里馬在大山和荊棘叢中無法施展其才能，並不是它沒有強壯的軀體，而是它沒有遇到「造父」這樣的伯樂。「有伯樂然後有千里馬」。

既然「遇」會帶給我們不同的命運，所以在生活中我們不能一味地依靠「遇」，即等待時機來改變自己的命運。要想自己一生有所作為，就要勤勤懇懇、腳踏實地地工作，只有這樣才能保持一顆平常心，即使不得志也不感到窘迫，不為人知也不感到遺憾，以超然的姿態對待世間發生的事情，不以物喜，不以己悲。假如你是一株生長在深山老林的白芷和蘭草，是不會因為沒有人欣賞而失去芳香的。

人的窮困與顯達儘管取決於世道、時機以及遇的對象，但這些並不是決定

性因素，起決定性作用的還是自身的德行與修養。只有自身具備了聰明的才智與高超的德行，再遇到好的世道、時機，遇上聖明的領導，人就會成就一番事業，由窮困而顯達。

五　行

　　五行：仁形於內謂之德之行，不形不於內謂之行。義形於內謂之德之行，不形於內謂之行。禮形於內謂之德之行，不形於內謂之〔行。智形〕於內謂之德之行，不形於內謂之行。聖形於內謂之德之行，不形於內謂之德行。

　　德之行五和謂之德，四行和謂之善。善，人道也。德，天道也。君子無中心之憂則無中心之智，無中心之謂則無中心〔之悅〕，無中心〔之悅則不〕安，不安則不樂，不樂則無德。

　　五行皆形於內而時行之，謂之君〔子〕。士有志於君子道謂之志士。善弗為無近，德弗志不成，智弗思不得。思不清不察，思不長（不得，思不輕）不形。不形不安，不安不樂，不樂無德。

　　不仁，思不能清。不智，思不能長。不仁不智，未見君子，憂心不能惙惙；既見君子，心不能悅。「亦既見之，亦既觀之，我心則〔悅〕」，此之謂〔也。不〕仁，思不能清。不聖，思不能輕，不仁不聖，未見君子，憂心不能忡忡；既見君子，心不能降。

　　仁之思也清，清則察，察則安，安則溫，溫則悅，悅則戚，戚則親，親則愛，愛則玉色，玉色則形，形則仁。

　　智之思也長，長則得，得則不忘，不忘則明，明則見賢人，見賢人則玉色，玉色則形，形則智。

　　聖之思也輕，輕則形，形則不忘，不忘則聰，聰則聞君子道，聞君子則玉音，玉音則形，形則聖。

　　「淑人君人，其儀一也」。能為一，然後能為君子，（君子）慎其獨也。

　　「〔瞻望弗及〕，泣涕如雨。」能差池其羽，然後能至哀。君子慎其〔獨也〕。

　　〔君〕子之為善也，有與始，有與終也。君子之為德也，〔有與始，有與〕終也。金聲而玉振之，有德者也。

金聲，善也。玉音，聖也。善，人道也。德，天〔道也〕。唯有德者，然後能金聲而玉振之。不聰不明，(不明不聖)，不聖不智，不智不仁，不仁不安，不安不樂，不樂無德。

不變不悅，不悅不戚，不戚不親，不親不愛，不愛不仁。

不直不肆，不肆不果，不果不簡，不簡不行，不行不義。

不遠不敬，不敬不嚴，不嚴不尊，不尊不恭，不恭無禮。

未嘗聞君子道，謂之不聰。未嘗見賢人，謂之不明。聞君子道而不知其君子道也，謂之不聖。見賢人而不知其有德也，謂之不智。

見而知之，智也。聞而知之，聖也。明明，智也。赫赫，聖也。「明明在下，赫赫在上」，此之謂也。

聞君子道，聰也。聞而知之，聖也。聖人知天道也。知而行之，義也。行之而時，德也。見賢人，明也。見而知之，智也。知而安之，仁也。安而敬之，禮也。聖，知禮樂之所由生也，五〔行之所和〕也。和則樂，樂則有德，有德則邦家興。文王之見也如此。「文〔王在上，於昭〕於天」，此之謂也。

見而知之，智也。知而安之，仁也。安而行之，義也。行而敬之，禮也。仁，義禮所由生也，四行之所和也。和則同，同則善。

顏色容貌溫變也。以其中心與人交，悅也。中心悅旃，遷於兄弟，戚也。戚而信之，親(也)。親而篤之，愛也。愛父，其繼愛人，仁也。

中心辯然而正行之，直也。直而遂之，肆也。肆而不畏強御，果也。不以小道害大道，簡也。有大罪而大誅之，行也。貴貴，其等尊賢，義也。

以其外心與人交，遠也。遠而莊之，敬也。敬而不懈，嚴也。嚴而畏之，尊也。尊而不驕，恭也。恭而博交，禮也。

不簡，不行，不匿，不察於道。有大罪而大誅之，簡也。有小罪而赦之，匿也。有大罪而弗大誅也，不行也。有小罪而弗赦也，不察於道也。

簡之為言猶練也，大而晏者也。匿之為言也，猶匿匿也，小而軫者也。簡，義之方也。匿，仁之方也。強，義之方也。柔，仁之方也。「不強不梂，不剛不柔」，此之謂也。

君子集大成。能進之為君子，弗能進也，各止於其里。大而晏者，能有取焉。小而軫者，能有取焉。疋膚膚達諸君子道，謂之賢。君子知而舉之，謂之尊賢。知而事之，謂之尊賢者也。(前，王公之尊賢者也；)後，士之尊賢者

也。

　　耳目鼻口手足六者，心之役也。心曰唯，莫敢不唯；諾，莫敢不諾；進，莫敢不進；後，莫敢不後；深，莫敢不深；淺，莫敢不淺。和則同，同則善。

　　目而知之謂之進之，喻而知之謂之進之，譬而知之謂之進之，幾而知之，天也。「上帝臨汝，毋貳爾心」，此之謂也。

　　大施諸其人，天也。其人施諸人，狎也。

　　聞道而悅者，好仁者也。聞道而畏者，好義者也。聞道而恭者，好禮者也。聞道而樂者，好德者也。

　　本篇存簡 50 枚。每簡字數 21～27 個，總字數 1240 個。竹簡兩端均削成梯形，簡長 32.5 釐米，有兩道編連線，編連線間距為 12.9～13.0 釐米。篇中有句讀號、重文號和章號，篇末無分篇號。根據篇中的分章符號，全文分為二十八章。

　　一九七三年冬，湖南長沙馬王堆第三號漢墓中出土了眾多的帛書，其中一篇為《五行》。帛書《五行》由經、說兩部分組成。（經：歷來被尊崇為典範的著作或指舊時圖書目錄中儒家經典部分；說：古文體的一種，是對經文意義的進一步闡釋。）簡本《五行》和帛書《五行》相比，簡本《五行》的內容只相當於帛書《五行》的經部，簡本沒有帛書《五行》中的「說」部分。另外，簡本《五行》的章次、文句也與帛書《五行》有一些不同。按照龐樸先生的《校注》對帛書《五行》分章，簡本對應於帛書本的章次順序為第一至九、十三、十至十二、十七至十九、十四至十六、二十至二十八。

　　「五行」一詞最早出現在《尚書》的《甘誓》與《洪範》兩篇中，在《尚書·洪範》中明確提出「水、火、木、金、土」五種物質為「五行」，這五種物質皆是日常生活中習見的，古人試圖以此來解釋世間萬物的起源和多樣性的統一。認為「五行」是承繼天命非常重要的事情，如果不能順從「五行」而行，將會遭到天命的懲罰。這樣「五行」不再單純只是天之自然所行之理，而被認為是與人的生存相關的事物。西周時，「五行」被當作是構成萬物的五種基本元素，並且與五個方位相配。春秋戰國時期，「五行」說廣為流行，出現了五行相生相勝的原理。「相生」意味著相互促進，如「木生火，火生土，土生金，金生水，水生木」等；「相勝」即「相克」，意味著互相排斥，如「水勝

火，火勝金，金勝木，木勝土，土勝水」。這些觀點具有樸素的唯物論和辯證法因素，對中國古代天文、曆數、醫學的發展起了一定的作用，術數家們還用五行來諭示災異、解釋朝代的更迭。現代的算命先生，常用金木水火土五行相生相克的原理來「算命」，認為一個人生下來屬五行中的哪一行是注定的，以此來推算一個人一生的命運，其實這是沒有科學依據的。戰國時期的儒家學者們將「五行」釋為是對「天時」和「禮」的一種了解，不再是五種物質的名稱，而是仁、義、禮、智、信五行。

本文所講的「五行」，也就是儒家所特指的五種德行，郭店楚簡「五行」出土前，關於儒學五行，一是指仁、義、禮、智、信，也指仁、義、禮、智、誠。本文所指的五行是仁、義、禮、智、聖。

仁、義、禮、智是儒家重要的倫理思想。孟子認為「仁、義、禮、智」和人的四肢一樣與生俱來，認為人的惻隱之心是仁之端緒；羞惡之心是義之端緒；辭讓之心是禮之端緒；是非之心是智之端緒。在郭店楚簡中將仁、義、禮、智稱之為四「行」，仁、義、禮、智、聖稱之為「德之行」。這裡的「四行」與「德之行」的五行概念上好像有些模糊，其實不然。我們先看一下何謂「行」，行是一種自然的運行，是依循事物本身為呈現所固有的一種軌跡而持續地運動，是一種自然的行為，也是行為的表現。何謂「德」，是通過「心」的修養而來。仁、義、禮、智四行是人所具有的，尚未經過教化與心的修養，當這四行通過「聖」的作用後，經過了教化與心之修養便成為五行即德之行，「聖」與仁、義、禮、智並列為五行，其含義是什麼呢？聖的本義是聽的意思，引申為無所不通或道德極高僅次於神，聖在五行中起著天、人之間的中介作用。全篇以智、聖為主要線索，論述了君子如何為善、為德。

將仁、義、禮、智、聖五行存於內心並且合乎時宜地去實踐，這樣的人稱為君子。君子的仁表現在思維清楚，遇事詳察，內心柔和而喜悅，易親近且有仁愛之色表露出來；君子的智表現在考慮事情都深思熟慮，做事都有所得，得到後並不得意忘形，且所得也光明磊落；君子的聖表現在考慮事情很久遠，樂天知命，不忘記所思與所聽，並以此審察是非、曲直。有德行的君子處事專心一意，即使是一個人獨處時也是一絲不苟，不越規，不逾矩。君子為善為德是有始有終的。

簡文還對不聰、不明、不聖、不智作了具體解釋，如「不智」：見到賢人

後卻不了解賢人的高尚德行，這就叫不智。反之，見到後就知道他有高尚的德行，說明這人能明察，所以就叫智。只聽到就知道他能行天之道，就叫聖。

　　與人交往時要以「仁」、「義」、「禮」待之。與人交往時的「仁」表現在外表上和顏悅色，內心愉快，像愛父母一樣愛別人，這就是仁；與人交往時「義」表現在對人正直誠實有始有終，不畏暴，勇敢果斷，並能同時做到尊重長上與尊敬賢者，這才算是義；與人交往時「禮」表現在沒有私己之心地與人交往，德行高尚使人尊敬，有威嚴，受到眾人推崇也不驕矜，謙遜而廣泛地交往。君子還應明清是非，不能以小失大。也不能無論大、小罪一概殺無赦，否則就談不上仁、義了。

　　簡文講心與耳目鼻口手足之間的關係，認為前者決定後六者的行為，耳目鼻口手足都要聽從心的指揮，只有它們之間都協調一致了，才能為善。

　　簡文結尾講聞道後內心喜悅、能明賞罰、謙遜恭敬的人是仁、義、禮存於內心的人；聞道後能樂的人是仁、義、禮、智、聖存於內心的人。

　　目前國內外學者大多認為本篇簡文的作者是子思，本文為進一步論證思孟學派的存在提供了重要材料。

唐虞之道

　　唐虞之道，禪而不傳。堯舜之王，利天下而弗利也。禪而不傳，聖之盛也。利天下而弗利也，仁之至也。故昔賢仁聖者，如此。身窮不均，殁而弗利，窮仁矣。必正其身，然後正世，聖道備矣。故唐虞之〔道，禪〕也。

　　夫聖人上事天，教民有尊也；下事地，教民有親也；時事山川，教民有敬也；親事祖廟，教民孝也；大教之中，天子親齒，教民悌也；先聖與後聖，考後而甄先，教民大順之道也。

　　堯舜之行，愛親尊賢。愛親故孝，尊賢故禪。孝之方，愛天下之民。禪之傳，世無隱德。孝，仁之冕也。禪，義之至也。六帝興於古，咸由此也。愛親忘賢，仁而未義也。尊賢遺親，義而未仁也。古者虞舜篤事它寞，乃弌其孝；忠事帝堯，乃弌其臣。愛親尊賢，虞舜其人也。禹治水，益治火，后稷治土，足民養□，□□節乎肌膚血氣之情，養性命之正，安命而弗天，養生而弗傷，知□□□禮畏守樂遜民教也。皋陶內用五刑，出弌兵革，罪輕法□□用威，夏

用戈，正不服也。愛而正之，虞夏之治也。禪而不傳，義恒〔絕，夏〕治也。

古者堯生於天子而有天下，聖以遇命，仁以逢時，未嘗遇〔賢。雖〕秉於大時，神明均從，天地佑之，縱仁、聖可與，時弗可及矣。夫古者舜居於草茅之中而不憂，身為天子而不驕。居草茅之中而不憂，知命也。登為天子而不驕，不專也。求乎大人之興，美也。今之弋於德者，未年不弋，君民而不驕，卒王天下而不疑。方在下位，不以匹夫為輕；及其有天下也，不以天下為重。有天下弗能益，無天下弗能損，極仁之至。利天下而弗利也。禪也者，上德授賢之謂也。上德，則天下有君而世明；授賢，則民興教而化乎道。不禪而能化民者，自生民未之有也。之正者，能以天下禪矣。

古者堯之與舜也：聞舜孝，知其能養天下之老也；聞舜悌，知其能事天下之長也；聞舜慈乎悌，〔知其能治天下〕為民主也。故其為它竁子也，甚孝；及其為堯臣也，甚忠；堯禪天下而授之，南面而王天下而甚君。故堯之禪乎舜也，如此也。古者聖人二十而冒，三十而有家，五十而治天下，七十而致政，四肢倦惰，耳目聰明衰，禪天下而授賢，退而養其生。此以知其弗利也。

《虞詩》曰：「大明不出，萬物皆暗。聖者不在上，天下必壞。」治之至，養不肖。亂之至，滅賢。仁者為此進，如此也。

本篇由 29 枚簡組成，每簡字數 24～28 個，總字數 706 個。簡長 28.1～28.3 釐米。有兩道編連線，編連線間距 14.3 釐米。篇中使用了句讀號、合文號，篇末有分篇符號。

簡文內容零星地見於一些傳世文獻，如《尚書·堯典》、《論語·堯曰》、《孟子·萬章》、《史記·五帝本紀》等等，在此不一一列舉。

所謂唐虞，唐是指以堯為首領的遠古陶唐氏部落；虞是指以舜為首領的遠古有虞氏部落。後來常用唐、虞代指堯、舜二帝，或堯、舜所統治的時代。

歷史上有過堯、虞、禹三代相繼禪讓的歷史故事。相傳堯為部落聯盟首領時，天下推舉民間孝子舜為繼承人，堯對舜進行了三年考察，獲得堯的首肯，最終堯將部落聯盟首領的位置讓給了舜。這種部落聯盟推選首領的制度，歷史上叫「禪讓」。後來舜用同樣的辦法將首領之位禪讓給了禹。禹以後，禹的兒子啟繼承了他的王位。禪讓制基本上從歷史上消失了。這種子承父位，以血緣關係為基礎的世代相傳的繼承法，史稱王位世襲制，這種制度影響了中國兩千

多年，至今這種影響尚未完全消除。

本文是一篇講評堯舜禪讓說史事的理論著作。主要是讚揚堯舜的禪讓，重點敘述了舜知命修身、出身卑賤而忠心耿耿事奉堯，最終受堯禪讓的過程。

戰國中期後，社會動盪不安，各諸侯國之間戰爭不斷。為了社會的安定，也為了國家的繁榮，各國學者都試圖闡述自己的學術思想，為統治者出謀劃策。儒家學者在當時的歷史條件下，為了使自己的禪讓理論思想不遭世人異議，更好地為統治者所接受，簡文作者將堯舜禪讓的故事進行了一番儒化改造。

簡文對「禪」作了這樣的解釋：尚德而將天下讓給賢能的人，即「尚德授賢」。這裡的「德」與我們今天所講的道德之德有區別，這個「德」包含人的德行與才能。如果統治者崇尚德行與才能，尊重賢能之人，並讓賢德之人做君主，那麼天下一定會世道清明，百姓安居樂業。假如統治者任人唯親，而不是尚德授賢，卻能使老百姓安於百業的現象以前從來沒有過，將來恐怕也不會發生。

舜到底是個什麼樣的人呢？堯又為什麼將首領之位禪讓給他呢？

簡文對舜進行了高度的讚揚，認為他是儒家所推崇的「仁」的表率：舜這個人住在荒山野地時，不因為自己身處貧賤而憂慮；自己後來做了天子也不驕不躁，是因為他知道這天下共主的位置是禪讓所得。他這樣的人做平民百姓時，不自輕自賤；擁有天下時，不自以為高貴，也不增驕益矜。所以舜這樣的人，即使以後失去了天下，他也會很謙遜。簡文作者將他這樣「得之不喜，失之不憂」，面對天下泰然處之的人生態度，歸納為仁達到完備程度的一種表現。

堯在將天下禪讓給舜前，對他作了為期三年的考察。考察時，他聽說舜是個孝子，所以堯認為，他既然能對父母孝順，就知道他一定能像侍奉自己的長輩一樣侍奉天下的長輩；又聽說他愛護兄弟，就知道他會像愛護兄弟一樣愛護天下的百姓，能做一個賢明的君主，治理天下。後來舜做了堯的臣子，堯最終將天下禪讓給了舜。事實也確實像堯所考察的那樣，舜做兒子時，很孝順；做堯的臣子時，很忠誠；到堯禪讓天下給他後，作為君主，很有君主的風度，能為天下百姓謀利益。

簡文認為堯舜之間禪讓的重要內容是愛親尊賢。親，指血緣上相關的自然

人，表現為家族內部的父母兄弟等；賢，指有才能的人，在血緣上可能有關係，也可能沒有關係。愛親，在這裡的意思是像愛自己的親人一樣愛別人；尊賢，推崇有才能的人。古之聖人一生，由成人、治家而治天下，其生理機能衰退後，將天下禪讓給賢能的人，自己退而頤養天年，是因為他們明瞭生命的終極意義，達到了一種超凡脫俗的人生境界。堯、舜便是這樣的聖人。

簡文引《虞詩》強調了「禪讓」的重要性與合理性，認為如果不是聖人治天下，天下一定會大亂。聖人治天下，則社會安定，即使不肖者也會受到最高的侍養；如果不是聖人治天下，則會出現政治昏暗的現象，即使是賢德之人也會遭到慘重的災難。表達了對堯舜盛世和諧有序社會的嚮往。

圍繞「禪讓」之說，歷來有兩種爭議。一是其真實性問題。雖然前文所列的文獻中均有禪讓的相關記載，但自戰國時期的荀況、韓非子至唐代劉知幾，屢有否定禪讓存在的說法，近代學者顧頡剛更是認為禪讓之事是後人編造出來的。郭店楚簡《唐虞之道》的出土，為堯舜禪讓的歷史真實性提供了有力的證據。二是禪讓說起源於儒家還是道家。簡文中以「愛親」為「仁」，「尊賢」為「義」，與儒家代表作《中庸》一書中主張的「仁者，人也，親親為大；義者，宜也，尊賢為大」的思想如出一轍。所以從內容來看，簡文屬儒家的著作，因此可以進一步說明禪讓之說起源於儒家。

忠信之道

不諼不害，忠之至也。不欺弗知，信之至也。忠積則可親也，信積則可信也。忠信積而民弗親信者，未之有也。至忠如土，為物而不發；至信如時，畢至而不結。忠人無諼，信人不背。君子如此，故不誑生，不背死也。

大舊而不渝，忠之至也。陶而者尚，信之至也。至忠無諼，至信不背，夫此之謂此。大忠不奪，大信不期。不奪而足養著，地也。不期而可遇者，天也。節天地也者，忠信之謂此。

口惠而實弗從，君子弗言爾；心□□□親，君子弗申爾。故行而爭悅民，君子弗由也。三者，忠人弗作，信人弗為也。

忠之為道也，百工不楛，而人養皆足，信之為道也，群物皆成，而百善皆立。君子其施也忠，故戀親傅也；其言爾信，故宣而可受也。忠，仁之實也。

信，義之期也。是故古之所以行乎閭巷者，如此也。

　　本篇存簡 9 枚，每簡字數 28～34 字，總字數 256 個，竹簡兩端平齊，簡長 28.2～28.3 釐米。有兩道編連線，編連線間距 13.5 釐米。全文除簡 8 有一重文號外，無其它句讀或分篇符號。

　　簡文圍繞忠、信展開論述，列舉了忠、信的各種表現，最後總結忠、信的本質。

　　忠和信是儒家政治倫理思想的兩個道德條目。「忠」，忠誠，盡心竭力。「信」，誠實，不欺；還有守信用的意思。《論語‧學而》中的「為人謀而不忠乎？與朋友交而不信乎？」中的「忠」，「信」是對一般人或朋友而言的。而《忠信之道》的「忠、信」則是對當政執權者而言的，是要求當權者對臣民做到忠、信，不是像後來儒家所宣揚的臣對君必須做到忠、信，所謂君要臣死，臣不得不死，簡文表達的不是這種思想，是下對上提出的道德要求，這也正是本文所反映的早期儒家思想的獨特之處。

　　簡文認為對人不虛假，不妒忌就至忠；對人不欺詐，不為物欲所誘，就是至信。當權執政者如果做到持之以恆地對老百姓不虛假，為百姓盡心竭力地辦實事，天下的百姓就一定會親近他；如果持之以恆地對老百姓不欺詐，對百姓承諾的事誠實守信，天下的百姓也一定願意跟隨他。從來沒有聽說過當權者對老百姓做到了忠、信，而老百姓卻不親近他，不擁戴他的事情。當權執政者用自己誠實守信的言行來教化天下的臣民百姓，從而贏得百姓的擁護，在文明程度越來越高的現代社會，是不是所有當官執政的人對老百姓做到了忠、信？這是一個值得現代人好好思考的問題。

　　簡文將至忠比喻成土，至信比喻成時。土和時都是一種客觀存在，樸實而永恆。「土」，土地，萬物在其上生長，消亡，土地盡其所有讓萬物繁榮昌盛。當權者如果做到了至忠，天下百姓就會順其自然地生生死死，天下也會太平；「時」，季節，四時運行周而復始，帶給天下百姓陽光雨露，當權者如果做到了至信，對百姓誠實守信，那麼天下百姓的生活就會如沐雨露，自然美滿和諧。

　　至忠的人從不虛情假意待人，至信的人從不隱瞞內心的真實想法，君子就是這種至忠至信的人，所以活著活得堂堂正正，死也死得光明磊落。在我們的現實生活中也不乏這樣的君子。

那麼怎樣才能達到至忠、至信呢？要做至忠至信的君子非一日一時之工夫就可達到，而是需要長時間的磨礪，矢志不渝，使人誠服並受到眾人推崇，這樣才會達到至忠、至信的境界。達到至忠境界的人不炫耀自己就像土地生養萬物而不誇耀自身一樣；達到至信境界的人不需約請便為民辦實事，就像四時運行準時無誤。

簡文還講了忠信之人不應該做的三件事：表面上答應而實際上不做；表面上很熱情而內心卻很冷漠；用甜言蜜語取悅於人。

天下臣民百姓如果將忠信作為一種道德規範，那麼人們將會豐衣足食，社會風氣良好。

簡文最後將忠、信歸納到儒家核心思想仁、義的大範疇中，認為忠是仁的內容，信是義的規範。

忠、信作為儒家的倫理道德範疇，見於孔子的言論中，在《論語》一書中可見到以下這些言忠、信的句子：「言必信，信必果，硜硜然小人哉？」「愛之能勿勞乎？忠焉勿誨乎？」「居之無倦，行之以忠。」「自古皆有死，民無信不立。」「為人謀而不忠乎？與朋友交而不信乎？」等等，這些說教中，忠信所要求的是君、臣、民多層面的社會成員，是對多層面人員的一種倫理道德規範，而本文強調的則是下對上即臣民對君王提出的道德要求，只要君王做到忠、信，沒有臣民不親附、不擁戴的。這是本文的中心思想，反映了儒家早期的社會倫理觀，在今天仍有借鑒意義。

成之聞之

成之聞之曰：古之用民者，求之於己為恒。行不信則命不從，信不著則言不樂。民不從上之命，不信其言，而能含德者，未之有也。故君子之立民也，身服善以先之，敬慎以導之，其所在者內矣。

君子之於教也，其導民也不浸，則其淳也弗深矣。是故亡乎其身而存乎其詞，雖厚其命，民弗從之矣。是故威服刑罰之屢行也，由上之弗身也。昔者君子有言曰：「戰與刑人，君子之述德也。」是故上苟身服之，則民必有甚焉者。君祠冕而立於阼，一宮之人不勝其敬。君衰絰而處位，一宮之人不勝……，一軍之人不勝其勇。上苟倡之，則民鮮不從矣。雖然，其存也不厚，

其重也弗多矣。是故君子之求諸己也深。

不求諸其本而攻諸其末，弗得矣。是君子之於言也，非從末流者之貴，窮源反本者之貴。苟不從其由，不反其本，未可得也者。君上卿成不唯本，功……。戎夫務食不強加，加糧弗足矣。士成言不行，名弗得矣。是故君子之於言也，非從末流者之貴，窮源反本者之貴。苟不從其由，不反其本，雖強之弗入矣。

上不以其道，民之從之也難。是以民可敬導也，而不可掩也，可御也，而不可牽也。故君子不貴庶物，而貴與民有同也。智而比次，則民欲其智之遂也。富而分賤，則民欲其富之大也。貴而能讓，則民欲其貴之上也。反此道也，民必因此厚也，以復之可不慎乎？故君子所復之不多，所求之不遠，竊反諸己而可以知人。是故欲人之愛己也，則必先愛人；欲人之敬己也，則必先敬人。是以智而求之不疾，其去人弗遠矣。勇而行之不果，其疑也弗往矣。是故凡物在疾之。《君奭》曰「唯冒丕單稱德」曷？言疾也。君子曰：疾之，行之不疾，未有能深之者也。勉之述也，強之工也；申之淹也，詞之工也。民孰弗從？行於中，發於色，其禓也固矣，民孰弗信？是以上之恒務在信於眾。《詔命》曰：「允師濟德。」此言也，言信於眾之可以濟德也。

聖人之性與中人之性，其生而未有，非之節於而也，則猶是也。雖其於善道也，亦非有懌數以多也。及其博長而厚大也，則聖人不可由與墠之。此以民皆有性而聖人不可慕也。

《君奭》曰「襄我二人，毋有合在言」曷？道不悅之詞也。君子曰：唯有其恒而可，能終之為難。「槁木三年，不必為邦旗」曷？言寅之也。是以君子貴天降大常，以理人倫。制為君臣之義，著為父子之親，分為夫婦之辨。是故小人亂天常以逆大道，君子治人倫以順天德。《大禹》曰：「余茲宅天心」曷？此言也，言余之此而宅於天心也。是故君子衽席之上，讓而愛幼；朝廷之位，讓而處賤。所宅不遠矣。小人不逞人於仁，君子不逞人於禮。津梁爭舟，其先也不若其後也。言語噪之，其勝也不若其已也。君子曰：從允釋過，則先者余，來者信。唯君子道可近求，而可遠措也。

昔者君子有言曰「聖人天德」曷？言慎求之於己，而可以至順天常矣。《康誥》曰：「不還大戛，文王作罰，刑茲無赦」曷？此言也，言不逆大常者，文王之刑莫厚焉。是故君子慎六位以祀天常。

　　本篇存簡 40 枚。每簡字數 22～27 個，總字數 966 個，竹簡兩端削成梯形，簡長 32.5 釐米，有兩道編連線，編連線間距為 17.5 釐米。篇中使用了合文號，篇末使用了分篇符號，全篇無句讀符號與分章符號。

　　目前，學術界對本篇篇題有幾種不同意見，根據簡文內容或用《天降大常》，或用《君子於教》，或用《求己》作為篇題，也有學者對本篇簡序作了不同程度的調整，其目的都是為了更好地揭示文章的中心思想。

　　本文圍繞君王如何以身作則才能更好地用民、使民展開論述。

　　戰國時期，穩定的社會政治秩序早已被破壞，政治危機普遍存在，如何挽救危機便成了統治者應該考慮的頭等大事，儒家學者們從當時的社會現實出發，提出了一套供統治者參考的建議和措施，本文的觀點便是其中之一，那就是要求統治者謹慎地要求自己所具有的德性，為民眾做好表率作用，並教化民眾、積極引導民眾，這樣才是順應了天德。

　　何謂「天德」？天所降之性，表現在社會人倫關係中則為君臣、父子、夫婦關係。人與人之間的道德關係是社會秩序的重要內容，天所降之性是幫助人們理順這些人倫關係，即君臣之間講義，父子之間講親，夫婦之間講辨。而小人常常是逆天德而亂人倫，君子則是順天德而使人倫井然有序。

　　簡文作者先講君子是如何順天德的，然後再論述統治者應像君子那樣嚴格要求自己，讓民眾誠服。

　　君子往往注重事實的實質內容，而不在意外在的自我表現形式；小人則相反，重形式而不重實質。簡文以枯木用過三年後就已朽爛，不能作為疆界的標誌繼續使用為喻，說明君子處事能持之以恆，有始有終，小人如枯木，不能善始善終。

　　君子為人處事謙讓，寧後勿先，適可而止，不爭強好勝。君子之所以為君子，是因為他具備德性並從事於善道，只有這樣他才能引導民眾從事善道。如何引導民眾呢？這個「過程」就好像用水澆地一樣，如果不循序漸進，就難以澆深。統治者與民眾呢？只一味地在口頭強調應該如何行善道，而不去身體力行，民眾是不會服從這樣的統治者的。經常對民眾用威服刑罰，其實是統治者沒有身體力行善道的緣故。所以只要統治者自己做好了，民眾就一定會做得更好。這就是榜樣的力量。統治者應該像君子那樣要求自己，不斷反省自己，豐

富自己的德，這樣民眾很少有不跟從的。

簡文運用了本與末、源與流的關係來強調君子表裡如一、言行一致的重要性。君子的語言不是以符合事物的表象特徵（末）為貴，而是以符合事物的本質和人的本性（本）為貴，所以統治者如果把不符合事物發展的觀點強加給民眾，民眾是不會接受的。統治者自己都不行為君之道，民眾當然不會擁戴他。

如何讓民眾擁戴統治者呢？敬重、關心他們，而不是蒙蔽，輕視他們，如果反其道而行之，民眾就會加倍地報復。統治者為民做的事不須多，但必須每天好好反省自己，這樣就可了解別人。要想讓民眾擁戴自己，自己要先愛護他們，要想民眾敬重自己，自己要先尊重他們。也就是孔子所說的「己所不欲，勿施於人」、「己欲立而立人，己欲達而達人」思想的發揮。

君子注重反省自己，並加強自己的內心修養，是為了順應天，這裡的「天」，是指「道德之天或義理之天」，簡文對人倫關係中的君、臣、父、子、夫、婦六位也非常重視，其重視程度就像祖先虔誠地祭祀天一樣。為什麼要重視六位的關係呢？因為六位是社會所有關係的基礎，君臣、父子、夫婦關係出了問題，那麼社會基礎關係也就動搖了，社會還何來安寧？關於六位的問題，本書《六德》篇中有詳細具體討論。

尊德義

尊德義，明乎民倫，可以為君。去忿戾，改恭勝，為人上者之務也。

賞與刑，禍福之基也，或前之者矣。爵位，所以信其然也。正欽，所以功□〔也〕，刑〔罰〕，所以□與也。殺戮，所以除害也，不由其道，不行。

仁為可親也，義為可尊也，忠為可信也，學為可益也，教為可類也。

教非改道也，教之也。學非改倫也，學已也。禹以人道治其民，桀以人道亂其民，桀不易禹民而後亂之，湯不易桀民而後治之。聖人之治民，民之道也。禹之行水，水之道也。造父之御馬，馬之道也。后稷之藝地，地之道也。莫不有道焉，人道為近。是以君子人道之取先。

察者出，所以知己。知己所以知人，知人所以知命，知命而後知道，知道而後知行，由禮知樂，由樂知哀。有知己而不知命者，無知命而不知己者。有知禮而不知樂者，無知樂而不知禮者，善取，人能從之，上也。

　　善者民必眾，眾未必治，不治不順，不順不平。是以為政者教導之取先。教以禮，則民果以勁。教以樂，則民弗德清將。教以辯說，則民藝□長貴以忘。教以藝，則民野以爭。教以技，則民少以吝。教以言，則民訏以寡信。教以事，則民力嗇以面利。教以權謀，則民淫惛，遠禮無親仁。先人以德，則民進善焉。

　　行此文也，然後可逾也。

　　因恆則固，察曲則無僻，不黨則無怨，尚思則□□。

　　夫生而有職事者也，非教所及也。教其政，不教其人，政弗行矣。故終是物也而又深焉者，可學也而不可疑也。可教也而可迪其民，而民不可止也。

　　尊仁、親忠、敬莊、歸禮，行矣而無違，養心於子諒，忠信日益而不自知也。

　　民可使道之，不可使知之。民可道也，而不可強也。桀不謂其民必亂，而民有為亂矣。受不若也，可從也而不可及也。

　　君民者，治民復禮，民除害智，□勞之軌也。為邦而不以禮，猶戶之無樞也。非禮而民悅，在此小人矣。非倫而民服，世此亂矣。治民非選生而已也，不以嗜欲害其義。

　　軌民愛，則慈也；弗愛，則仇也。民五之方各，十之方爭，百之而後服。

　　善者民必富，富未必和，不和不安，不安不樂。

　　為古率民向方者，唯德可。德之流，速乎置郵而傳命。其載也無厚焉，交矣而弗知也，亡。德者，且莫大乎禮樂。故為政者，或論之，或養之，或由中出，或設之外，論列其類焉。治樂和哀，民不可惑也。反之，此往矣。

　　刑不逮於君子，禮不逮於小人。

　　攻□往者復，依惠則民材足，不時則無勸也。

　　不愛則不親，不□則弗懷，不賴則亡畏，不忠則不信。弗勇則亡復。咎則民悭，正則民不吝，恭則民不怨。均不足以平政，埒不足以安民，勇不足以沫眾，博不足以知善，快不足以知倫，殺不足以勝民。

　　下之事上也，不從其所命，而從其所行。上好是物也，下必有甚焉者。夫唯是，故德可易而施可轉也。有是施小有利，轉而大有害者，有之。有是施小有害，轉而大有利者，有之。

　　凡動民必順民心，民心有恆，求其永。重義集理，言此章也。

本篇存簡 39 枚，每簡字數 19～26 個，總字數 914 個。竹簡兩端削成梯形，簡長 32.5 釐米，有兩道編連線，編連線間距為 17.5 釐米。篇中僅使用了重文、合文符號，無句讀號、分章符號和分篇符號。

本篇是以篇首句的開頭三個字作為篇題的。「尊」，尊崇、尊奉，「德」，德行，節操。「義」，人的倫理原則。是對統治者的倫理說教文章，教導統治者如何尊德，怎樣尊義，賞罰分明，用身教來引導民眾等。

做君王首先必須具備高操的德行並模範遵守人的倫理原則。做了君王後其主要任務是制止因貪欲而使天下紛爭的事情發生，改變不合時宜的傳統觀念。看來當君王也不是件輕鬆的事，怎樣圓滿地完成這一艱巨的使命呢？那就是如何教導民眾。

君子治民，首先要征服民心，不使民心惑亂，天下才安定。萬事萬物都有自身的本質規律，如大禹治水，因勢利導，順應了水的規律，所以很成功；造父御馬，是掌握了馬的規律；后稷種植能獲豐收，是因為他掌握了四時的規律。人也有人的規律，稱為人道。所以君子治民，要行人道，按人自身的規律來治理民眾，充分尊重民眾的人格，才能順乎民心。即使是要求民眾做事，也不要讓民眾產生他們是被人牽著鼻子走，是被迫順從才去做的，而讓民眾覺得他們的行為是出自內心的自覺行為，這樣就行了人道，遵從了人的規律，民眾也會自覺地尊重仁德，親近忠誠，敬重壯勇，回歸禮制，天下就會一片太平祥和。

行善的君王，擁護他的人一定很多，但擁護的人多，天下不一定太平，天下不太平，當然也就不安寧了，所以君王只有善行還不行，應對民眾施以政教，教他們禮（行為準則與道德規範），使他們果敢而懂得義理；教他們音樂，使他們心地純淨無雜念；教他們辯說，使他遇到險情時不至於胡作非為；教他們種植，使他們在田野勞作相互競爭；教他們不要迷亂，使他們看不起沉迷於玩樂的人；教他們號令，使他們不至詭訛而不守信用；教他們勤勞，使他們只知努力耕種而不沉湎於私利；教他們權謀，使他們的思想不惑亂、行為不遠離禮而親近仁。把德行作為評價一個人的先決條件，那麼人人就會爭著去做有德行的事。

獎賞與懲罰並不是解決治民問題的方法，而是禍患產生的根本原因，由於

獎賞可以使人得到更多的俸祿和更高的官位，懲罰讓有罪者罪有應得，有時可以起到一定的作用，但很多時候情況不是這樣，民眾對於有罪者並不敢輕易檢舉、揭發，甚至還會出現誣蔑而導致誤懲的情況發生，使民眾對上位者不信任，從而使社會產生不安定因素。所以統治者實施獎懲時要明察秋毫，絕不放過一個壞人，也絕不冤枉一個好人。這樣就可防微杜漸，以免社會出現混亂。

夏朝的夏桀因為不得民心導致天下大亂，致使夏桀為商成湯所滅，這說明統治者不能只貪圖自己享樂而不顧百姓的死活。老百姓的要求其實並不高，只要能讓他們好好地生存下去就行了。統治者如果不愛護百姓，百姓就會產生仇怨，並組織起來與統治者對抗，在對抗中雙方都會有損失，這是國家的災難，所以統治者要愛護天下百姓，勉勵天下百姓，這樣百姓才會順從，國家才會繁榮昌盛。如果對百姓親善，百姓安心生產，國家必然會很富有。但國家富有並不等於社會和諧，社會不和諧國家就不安定，不安定老百姓心中當然不會快樂，所以統治者還要引導百姓遵循正道，崇尚高超的德行，也就是要對百姓實行德教，德教不僅可以改變百姓的內心，還可改變他們行動的方向。

統治者如何才能對民眾百姓實行有效的政教和德教，關鍵在於統治者自己做得如何。統治者如果言而有信，那麼民眾就會尊奉他，當然不是因為他高高在上，就聽他的命令，而是他的德行影響了他們，值得他們尊奉。不是有這樣的說法嗎？在上位的人喜愛某一物，下面的人對這物的喜愛將會有過之無不及的情況。所以統治者的行為會深深影響老百姓的行為，如果統治者對老百姓仁愛，老百姓就親近他（對他仁愛）；對老百姓恩惠有加，老百姓也會對他感恩戴德；對邪惡之人不懲治，奸佞之徒就會肆意妄為；如果不盡心竭力為老百姓的利益著想，老百姓就不會信任他；在上位者有令不行，最終必將自食其果；如果欺侮百姓，百姓一定會憎恨他；如果恭謙正直，老百姓就對他寬容沒有怨意。當然，並不是統治者順從了百姓，天下就會安定，如果統治者只注重對百姓做到公平，這樣是不足以使政治清明的；只注重對老百姓寬容是不足以安撫他們的；只注重處事時勇猛果敢是不足以使百姓誠服的。用殺人的殘忍方式來對付百姓，是不足以制勝百姓的。正如一個知識淵博的人並不能證明他知道如何為善；斷案果敢的人並不表示他知道人倫天常。因此統治者無論要對老百姓採取什麼措施，除了自己具備高超的德行外，必須要順應民心，只有這樣，老百姓對統治者才有信心，一心一意勤學耕作，生活豐衣足食，天下的百姓都安

居樂業，那樣社會就會出現一片繁榮昌盛的景象。

　　本文是一篇古佚文，但在文中我們仍可零星見到一些精闢的語句在其它古文獻中出現過，如「刑不逮於君子，禮不逮於小人」（刑罰不會降臨到德才出眾的君子頭上，禮儀不會出現於人格卑鄙的小人身上）；「民可使道之，不可使知之。民可道也，而不可強也。」（民眾可以引導，但不可讓他們知道是在被引導，引導民眾時，不能強迫他們）；「上好是物也，下必有甚焉」（在上位的人喜好某物，那下面的人對此物的喜愛一定超過他）等等，曾分別見於《禮記·曲記上》、《論語·泰伯》、《孟子·滕文公上》和《禮記·緇衣》及前面論述過的簡本《緇衣》，雖不是原話，但意義相同，有的僅個別字的差異。

性自命出

　　凡人雖有性，心無定志，待物而後作，待兒而後行，待習而後定。喜怒哀悲之氣，性也。及其見於外，則物取之也。性自命出，命自天降。道始於情，情生於性。始者近情，終者近義。知〔情者能〕出之，知義者能入之。好惡，性也。所好所惡，物也。善不〔善，性也〕。所善所不善，勢也。

　　凡性為主，物取之也。金石之有聲，〔弗扣不〕〔鳴。人之〕雖有性，心弗取不出。

　　凡心有志也，無與不〔可。人之不可〕獨行，猶口之不可獨言也。牛生而長，雁生而伸，其性〔使然，人〕而學或使之也。

　　凡物無不異也者，剛之樹也，剛取之也；柔之約，柔取之也。四海之內，其性一也，其用心各異，教使然也。

　　凡性，或動之，或逢之，或交之，或屬之，或出之，或養之，或長之。凡動性者，物也；逢性者，悅也；交性者，故也；屬性者，義也；出性者，勢也；養性者，習也；長性者，道也。

　　凡見者之謂物，快於己者之謂悅，物之勢者之謂勢，有為也者之謂故。義也者，群善之範也。習也者，有以習其性也。道者，群物之道。

　　凡道，心術為主。道四術，唯人道為可道也。其三術者，道之而已。

　　《詩》、《書》、《禮》、《樂》，其始出皆生於人。《詩》，有為為之也。《書》，有為言之也。《禮》、《樂》，有為舉之也。聖人比其類而論會之，觀其之逆而順

訓之，體其義而节文之，理其情而出入之，然後復以教。教，所以生德於中者也。禮作於情，或興之也。當事因方而制之，其先後之舍則義道也。或舍為之节，則文也。至容貌所以文，节也。君子美其情，貴〔其義〕，善其节，好其容，樂其道，悅其教，是以敬焉。拜，所以□□□其諀文也。幣帛，所以為信與證也，其詞義道也。笑，禮之淺澤也。樂，禮之深澤也。

凡聲其出於情也信，然後其入撥人之心也厚。聞笑聲，則鮮如也斯喜。聞歌謠，則陶如也斯奮。聽琴瑟之聲，則悸如也斯嘆。觀《賚》、《武》，則齊如也斯作。觀《韶》、《夏》，則勉如也斯斂。詠思而動心，如也，其居次也久，其反善復始也慎，其出入也順，始其德也。鄭衛之樂，則非其聲而從之也。

凡古樂龍心，益樂龍指，皆教其人者也。《賚》、《武》樂取，《韶》、《夏》樂情。

凡至樂必悲，哭亦悲，皆至其情也。哀、樂，其性相近也，是故其心不遠，哭之動心也，浸殺，其央戀戀如也，戚然以終。樂之動心也，睿深鬱陶，其央則流如也以悲，悠然以思。

凡憂思而後悲；凡樂思而後忻，凡思之用心為甚。嘆，思之方也。其聲變，〔則其心變〕。其心變則其聲亦然。吟，游哀也。噪，游樂也。啾，游聲〔也〕，嘔，游心也。喜斯陶，陶斯奮，奮斯咏，咏斯搖，搖斯舞。舞，喜之終也。慍斯憂，憂斯戚，戚斯嘆，嘆斯辟，辟斯踊。踊，慍之終也。

凡學者求其心為難，從其所為，近得之矣，不知以樂之速也。雖能其事，不能其心，不貴。求其心有為也，弗得之矣。人之不能以為也，可知也。〔其〕過十舉，其心必在焉。察其見者，情焉失哉？簡，義之方也。義，敬之方也。敬，物之節也。篤，仁之方也。仁，性之方也，性或生之。忠，信之方也。信，情之方也，情出於性。愛類七，唯性愛為近仁。智類五，唯義道為近忠。惡類三，唯惡不仁為近義。所為道者四，唯人道為可道也。

凡用心之躁者，思為甚。用智之疾者，患為甚。用情之至者，哀樂為甚。用身之便者，悅為甚。用力之盡者，利為甚。目之好色，耳之樂聲，鬱陶之氣也，人不難為之死。有其為人之節節如也，不有夫柬柬之心則采。有其為人之柬柬如也，不有夫恆始之志則縵。人之巧言利詞者，不有夫詘詘之心則流。人之悅然可與和安者，不有夫奮作之情則侮。有其為人之快如也，弗牧不可。有其為人之葇如也，弗輔不足。

凡人偽為可惡也。偽斯吝矣，吝斯慮矣，慮斯莫與之結矣。慎，仁之方也，然而其過不惡。速，謀之方也，有過則咎。人不慎，斯有過，信矣。

凡人情為可兌也。苟以其情，雖過不惡。不以其情，雖難不貴。苟有其情，雖未之為，斯人信之矣。未言而信，有美情者也。未教而民恆，性善者也。未賞而民勸，含富者也。未刑而民畏，有心畏者也。賤而民貴之，有德者也。貧而民聚焉，有道者也。獨處而樂，有入禮者也。惡之而不可非者，達於義者也。非之而不可惡者，篤於仁者也。行之不過，知道者也。聞道反上，上交者也。聞道反下，下交者也。聞道反己，修身者也。上交近事君，下交得眾近從政，修身近至仁。同方而交，以道者也。不同方而〔交，以義者也〕。同悅而交，以德者也。不同悅而交，以猷者也。門內之治，欲其逸也。門外之治，欲其制也。

凡悅人勿吝也，身心從之，言及則明舉之而毋偽。

凡交勿央，必使有末。

凡於返毋畏，毋獨言。獨處則習父兄之所樂。苟無大害，少枉入之可也，己則勿復言也。

凡憂患之事欲任，樂事樂後。身欲靜而勿訍，慮欲淵而毋偽，行欲勇而必至，貌欲莊而毋拔。欲柔齊而泊，喜欲智而無末，樂欲睪而又有志，憂欲斂而毋惛，怒欲盈而毋希，進欲遜而毋巧，退欲尋而毋輕，欲皆度而毋偽。君子執志必有夫廣廣之心，出言必有夫柬柬之信。賓客之禮必有夫齊齊之容，祭祀之禮必有夫齊齊之敬，居喪必有夫戀戀之哀。君子身以為主心。

本篇存簡六十七枚，每簡字數 20～25 個，總字數 1551 個。竹簡兩端削成梯形，簡長 32.5 釐米。有兩道編連線，編連線間距為 17.5 釐米。文中有句讀號、重文、合文符號、分章符號，篇末有分篇符號。

本文是一篇重要的心性說理論著作，也是研究先秦人性論的重要材料，填補了由孔子的「性相近，習相遠」發展到孟子的「性本善」之間的思想理論空白。在本篇材料未出土前，學術界對「性相近」是如何發展到「性本善」的，一直是個謎，這篇簡文在一定程度上揭開了這個謎。

孔子認為人生下來性情是相近的，只是由於後來的環境、受教育的程度不同，才造成了人的性情各不一樣；孟子認為人的本性天生就是善的。從孔子到

孟子經歷了一百多年，「性相近」到「性本善」的理論經過一百年才發展而成，這個發展過程是怎樣的呢？《性自命出》簡文未出土前，無人明白知曉，並不是那一百多年間孔子的弟子們沒有繼承孔子的大業。在孔子死後，他們兢兢業業繼續闡發孔子的學說思想，只是由於秦始皇的焚書坑儒政策將他們的學術理論大都付之一炬了，幸運的是隨死人而葬的竹書逃過了火的劫難，在兩千多年後又重見天日。郭店楚簡就是一批這樣的書。其中的儒家理論著作《性自命出》讓我們知道孔孟之間發展過程的一個環節。

本文分為兩大部分。

第一部分主要講述了什麼是性，性的各種表現以及性與心的關係。我們先弄清楚幾個概念：「性」，是指人的本性，非食、色之性；「情」，產生於性，是人的真情流露；「命」，就是指生命，不僅指人的生命，包括其它動物的生命。

性，不僅人有，只要是動物就都有性。牛的大軀體，雁的長脖子，就是牛、雁各自生來的性，即它們生來就是這個樣。凡是人，與生俱來的人之性，這種性是隱於人的內心，尚未表現出來的喜、怒、哀、悲。人不會無緣無故來表現這些性，通過外在的環境，遇事的對象不同，這些性才表現出來，已經表現出來的喜、怒、哀、悲之性就叫情，這種情是發自內心的。

凡是人都有性，四海之內，普天之下，人性都是相同的，因為人是一種生命，但是人心各不相同，為什麼呢？這裡的心指道德意識水平，並不是心臟之心。古人認為人是用心在想問題而不是用腦。由於心受教育的對象不同，受教育的程序不一，所以人心各不相同，用現在的話說就是人的思想觀念不同。統治者可不希望看到自己的臣民人心各異，所以就要求臣、民接受教化，使他們的思想觀念一致，人心如一，以便於統治者治民。

人之性，如何再現出來呢？要通過心的幫助（人的大腦思想活動），性才表現出來為合乎人倫的情。這裡性和心的關係，就好比金石與槌的關係，金石如果不借助槌的叩擊，是不會發出聲響的，所以性如果不通過心的作用而表現為情，就只會是一塊靜止的金石。

人之性，依外物的情勢，有不同的表現：遇物而變化；或迎順而喜悅；或有所為而驅使；或為義道而不斷磨礪；或為尋求事物發展的客觀規律而外發；或積習而培養；或為道而增長進益，總之性不是靜止不變的，而是不斷地以各種形式表現出來。

什麼叫物？凡是可以看到的東西就叫物。

什麼叫悅？能使人感到愉快就叫悅。

什麼叫勢？事物發展的態勢叫勢。

什麼叫故？有特定目的而有所作為叫做故。

什麼叫習？習就是習慣，通過長期的學習積累而形成的習慣就是習。

什麼叫義？義就是判斷群善之所以為善的標準。

什麼叫道？萬物運行的法則、規律叫道。

以上是外界作用於性的七種方式。這七種方式中「道」對性起統率作用。

簡文的第二部分講如何讓心接受教育從而使表現出來的性——即情，與內心一致，用現代的話講叫「陶冶情操」，還講了統治者如何治理天下，君子應具有的德行及行為規範等等。

《詩》、《書》、《禮》、《樂》，是古代的四種經書。為了使受教育的人更好地接受所學的內容，在一年中，根據不同的季節教不同的經書，氣候宜人的春秋季教以《禮》、《樂》，而冬夏則教以《詩》、《書》。用《詩》、《書》、《禮》、《樂》對民眾進行教化的目的，是使他們的心含具道德。

禮的制定，是根據人性而來的，所以制禮要權衡並考慮諸多因素之間的關係，以便制定出最適宜的禮儀安排。古人是非常講究各種場合的禮儀的，說話、行為、舉止、容貌、表情以及著裝都有一套嚴格的規定。君子之所以受到尊敬，是因為他們的言行舉止都符合禮的要求。

古人認為音樂具有教化作用。發自內心的真實情感，以音聲的形式表現出來，就能深深地影響人心。人如果聽到笑聲，他也會受感染而高興；聽到歌謠聲，也會因喜悅而振奮；聽到彈奏的琴瑟之聲，也會心動而隨之低吟。《韶》、《武》是歌頌武王滅商定天下的《大武》樂的歌詞。《韶》、《夏》分別為虞舜、夏禹時的樂名。這些古代音樂都配以歌舞，不僅可聽到音樂、歌聲，而且還可觀看舞的表演。《賚》、《武》這兩種樂舞看後使人精神振奮；看《韶》、《夏》樂舞後，使人產生勤奮自勉的情緒。這些音樂都是用有節奏的聲音來表現當時的情景，所以讓人聽後觸動心思，從而使人性不斷外發而為豐富的情感。因為音樂的美妙，能長時間地駐留在人的心中，迫使人不斷思索從而起到教化人的作用。但也不是所有的音樂都能起教化作用，只有統治階級認為的正聲雅樂才有這種作用，而被稱為亂世之樂的「鄭衛之音」（鄭、衛兩國的音樂），人聽後

受到的感化是讓人更加嗜欲，統治階級不主張人們聽這樣的「淫樂」。

人的各種情感都來源於性，所以它們都是相近的。比喻哀和樂，人樂極還會生悲。人悲哀要哭，太高興了也要流淚。人憂愁時經過心的作用——思考後才感到悲哀；快樂時，要經過思考才感到歡喜，無論憂愁也好，快樂也罷，都要通過心的作用才能表現出來。人的聲音能流露出人的內心情感，人的行為也一樣，人一高興就面露喜色，做事時精神振奮，甚至歌唱，歌唱時身體不停地隨節奏搖擺，最後輕鬆地跳起舞來；人不高興時就面露愁容，倍感憂慮、哀傷，然後就嘆息不已，最後發展到捶胸頓足，以表達心中的哀愁。如何讓哀、樂情緒適時地表現出來呢？那就要讓心接受教化，使心具有德行。這樣人便有了憂患意識，不至於言行舉止過分而失態。一個人如果犯十次相同的錯誤，那麼他的心之德行一定有問題，這樣是不行的。當然也並非是不允許人犯錯誤，人都有不小心的時候，有過錯是難免的，只是要加強德行的修養，小心謹慎從事，盡量減少犯錯誤。

敦厚是仁的準則；仁愛是性的準則；忠誠是誠信的準則；誠信是情的準則，情由性生。這裡的仁、忠、信，是君子應具有的內心德性，這些德性比看起來適宜的外在行為更加重要。如果一個人言行舉止很適度，卻沒有誠正之心，就會出現文過其實的情況；有了誠正之心，卻沒有堅強的意志，就會半途而廢；如果一個人只會花言巧語，而沒有純樸的心，他就會夸夸其談；如果一個人很和善，易與人和諧相處，卻碌碌無為，這樣就會招致羞侮；自我放縱不加管教是不行的。

一個人在社會上為人處事誠實守信，贏得了社會的承認，這樣的人即使有過錯，別人也不會厭惡他；一個人在社會上做事本來就缺少誠信，這樣的人即使非常艱難地完成了某件事，別人也不會覺得他這人有什麼值得推崇的。所以一個人為人要誠實守信，只有這樣才會在眾人面前取得信任，這也是為人的基本準則。

統治者治理民眾的關鍵在於自己要做到有情、有德，並不斷反省自己，這樣統治者即使不去籠絡民眾，人們也會長久地跟隨他；對民眾不用刑罰，人們也會對他敬畏。當然一個地位低下的人要是德行很好，人們也會認為他高貴的；要是這個人明白為人處事的準則（懂得「道」），那麼即使貧窮得一無所有，人們也會擁戴他。

社會上人分為幾等，簡單而分有上、中、下三等，上即統治者，中即上對統治者負責，下對大眾百姓負責的中層階級，下就是平民階層。中層階級在社會中擔當了重任，這部分人不斷地反省自己懂得了道後，既要用道的原則反省統治者言行，又要反省平民百姓的言行，看他們的言行有哪些符合道的準則，哪些不符合道的準則，提醒他們做得還不夠的地方該如何改正以適應「道」，這樣就會得到統治者的肯定，百姓的愛戴。

社會上人形形色色，並非以好、壞來區分。在社會上立身處世要學會同各種各樣的人打交道，既要與志同道合的人交往，也要和自己喜好不同的人交往。為什麼？為了共同的目標，為了正義之道，為了國家大計。在與人交往的過程中，不要用華而不實的花言巧語來討好別人；不要言而無信；不要過河拆橋，要顧全大局，要先天下之憂而憂，後天下之樂而樂等等，這都是為人處事的準則。

簡文最後談到君子在各種場合所應有的儀容舉止，比喻行賓客之禮、行祭祀之禮、行喪禮時應分別有不同的容貌表情等。賓客來後，你無論在禮儀上，還是表情上都要表現出你很歡迎他的到來，並且讓他感受到他受到了尊敬。舉行祭祀之禮時，無論是祭祀天地還是祭祀祖先，一定要表現出恭敬、肅穆的敬意；人死後進行喪禮時，對死者要表現出依依不捨的哀情。君子為什麼要這樣做呢？因為他知道一個人的外在表現應是他內心的真實反映，君子總是表裡如一。

六　德

此。何謂六德？聖、智也，仁、義也，忠、信也。聖與智戚矣，仁與義戚矣，忠與信戚（矣）。作禮樂，制刑法，教此民爾，使之有向也，非聖智者莫之能也，親父子，和大臣，寢四鄰之淵乎，非仁義者莫之能也。聚人民，任地，足此民爾。生死之用，非忠信者莫之能也。君子不變如道。道，人之⋯⋯

⋯⋯君子如欲求人道⋯⋯。〔苟不〕由其道，雖堯求之弗得也。生民⋯⋯六位也。有率人者，有從人者；有使人者，有事人〔者；有教〕者，有〔受〕者。此六職也，既有夫六位也，以任此〔六職〕也。六職既分，以率六德，六德者⋯⋯賞慶焉，知其以有所歸也。材雖在山岳之中，苟賢⋯⋯父兄任者，子

弟大材藝者，大官；小材藝者，小官。因而施祿焉，使之足以生，足以死，謂之君，以義使人多。義者，君德也。非我血氣之親，畜我如其子弟，故曰：苟濟夫人之善也，勞其臟腑之力弗敢憚也，危其死弗敢愛也，謂之以忠事人多。忠者，臣德也。知可為者，知不可為者；知行者，知不行者，謂之夫。以智率人多，智也者，夫德也。能與之齊，終身弗改之矣。是故夫死有主，終身不變，謂之婦，以信從人多也。信也者，婦德也。既生畜之，或從而教誨之，謂之聖。聖也者，父德也。子也者，會壎長材以事上，謂之義，上共下之義，以奔墅，謂之孝，故人則為〔人也，謂之〕仁。仁者，子德也。故夫夫，婦婦，父父，子子，君君，臣臣，六者各行其職，而狂奢無由作也。觀諸詩、書則亦在矣，觀諸禮、樂則亦在矣，觀諸易、春秋則亦在矣。親此多也，欽此多，美此多也，道御止。仁，內也。義也，外也。禮樂，共也。內立父、子、夫也，外立君、臣、婦也。疏斬布絰杖，為父也，為君亦然。疏衰齊牡麻絰，為昆弟也，為妻亦然。袒免，為宗族也，為朋友亦然。為父絕君，不為君絕父。為昆弟絕妻，不為妻絕昆弟。為宗族羕朋友，不為朋友羕宗族。人有六德，三親不斷。門內之治恩掩義，門外之治義斬恩。仁類勳而速，義類幵而絕。仁勳而更，義強而簡。更之為言也，猶更更也。少而寮多也。頌其志，求養親志，害亡不以也。是以放也。

　　男女辨生言，父子親生言，君臣義生言。父聖，子仁，夫智，婦信，君義，臣忠。聖生仁，智率信，義使忠，故夫夫、婦婦、父父、子子、君君、臣臣，此六者各行其職，而狂奢蔑由作也。君子言信言爾，言煬言爾，設外內皆得也。其反，夫不夫，婦不婦，父不父，子不子，君不君，臣不臣，昏所由作也。君子不啻明乎民微而已，或以知其一矣。男女不辨，父子不親。父子不親，君臣無義。是故先王之教民也，始於孝弟。君子於此一體者無所法。是故先王之教民也，不使此民也憂其身，失其體。孝，本也，下修其本，可以斷狂。生民斯必有夫婦、父子、君臣。君子明乎此六者，然後可以斷狂。道不可體也，能守一曲焉，可以緯其惡，是以其斷狂速。凡君子所以立身大法三，其擇之也六，其衍十又二，三者通，言行皆通，三者不通，非言行也。三者皆通，然後是也。三者，君子所生與之立，死與之敝也。

　　……人民少者，以修其身，為道必由此。親戚遠近，唯其人所在。得其人則舉焉，不得其人則止也。

生。故曰：民之父母親民易，使民相親也難。

本篇存簡 49 枚，每簡字數 20～23 個，總字數 969 字。竹簡兩端削成梯形，簡長 32.5 釐米，有兩道編連線，編連線間距為 17.5 釐米。文中使用了重文、合文符號、分章符號，文章結尾使用了分篇符號。

本文殘簡較多，給簡文釋讀帶來影響，但文章的主要思想內容仍可理解。

「六德」，即六種不同的德行：聖、智、仁、義、忠、信。君、臣、父、子、夫、婦應相對應地具有這些德行。簡文圍繞君臣、父子、夫婦之間的關係及具有的德行層層展開論述。

簡文認為，在人類的社會關係中最重要的幾種關係是君、臣、父、子、夫、婦，被稱為六位，即六種不同的社會角色，不同的角色擔任不同的職位。君的職位是帶領人；臣的職位是隨從人；父的職位是役使人；子的職位是侍奉人；夫的職位是教誨人；婦的職位是順受人。他們各自出色擔當自己的職位，並分別具有以下美德，即君的義德、臣的忠德、父的聖德，子的仁德、夫的智德、婦的信德。簡文對這六德作了如下闡述：

君——義德：什麼樣的人稱為君？能讓才藝高超的人處高位，才藝一般的人處中位，即能者依其才能各在其位，並根據他們作出貢獻的大小而給俸祿，使他們富有無憂，這樣的人稱為君。這樣的君，老百姓都擁戴他，是因為他施行的義舉所致。這也就是君的義德。

臣——忠德：什麼樣的人稱為臣？為了國家的安寧與繁盛，哪怕自己身居高位，身處險惡困境也在所不惜，臨危不懼甚至隨時獻出自己生命的人，稱之為臣。因為他對上忠誠，對民眾盡心竭力，這就是臣的忠德。

父——聖德：作為父，不僅養育了子女，而且還對他們進行諄諄教誨，教他們如何為善為德，這樣的行為叫聖（聖：無所不通或知識淵博），這就是父的聖德。

子——仁德：作為子女，像侍奉自己父母一樣盡心侍奉長輩，這是仁的表現，仁者愛人，這就是子的仁德。

夫——智德：知道哪些事可以做，哪些事不可以做，即對自己的言行有很清楚的認識，這樣的人叫夫，因為他以無所不知的才能贏得了眾人的肯定，這就是夫的智德。

　　婦——信德：女人嫁給一個男人後，從一而終，即使是男人死了也不改嫁，誠實守信地過一輩子，這就是婦的信德。

　　夫夫、婦婦、父父、子子、君君、臣臣，這六組疊詞，前面一個作動詞用，如「夫夫」，做丈夫就像丈夫的樣子，以此類推，社會上只要這六種人各行其職，就不會出現犯上作亂的事情，這個道理在古書《詩》、《書》、《禮》、《樂》、《易》、《春秋》中均講到過。

　　夫婦、父子、君臣是六種角色中最親密的三組關係，各組內的關係如何相處？各組間的關係又是怎樣的呢？

　　簡文將父、子、夫與君、臣、婦以內外關係來區分。古人對人死後的喪禮十分注重，以喪禮而論，對父和對君的服喪期及規格一致，對昆弟和妻子的服喪期及規格一致，對同宗族的人和朋友的服喪期及規格一致。服喪期間在處理這些人際關係遇到矛盾時，如在處理父和君、昆弟和妻子、同宗族的人和朋友的關係，而在二者間只取其一時，該怎樣做呢？文中的觀點是可以為了父而減省君喪，為兄弟而減省妻喪，為宗族的人而減省為朋友服喪。「為父絕君」這個思想與後來儒家提倡的大義滅親的思想，是大不一樣的，大義滅親是在處理個人與集體、家庭與國家關係時，寧願捨棄個人、家庭甚至宗族的利益而去為君、為集體、為國家。而本文的思想卻相反，寧願在服喪期間先減省君王、妻子、朋友的服喪，也要保存個人、家庭和家族的利益。這些思想反映了早期儒家以血緣關係為上的原始宗族主義觀念。

　　父子、夫婦、君臣中父生子，夫帶領婦，君役使臣，所以這六位所對應的六德聖、仁、智、信、義、忠之間的關係，也相應地為有聖德而後生仁德，智德帶領信德，義德役使忠德，這六種德行在六位各行其職時的表現如果與此相反或者說與此不相一致時，那麼將會出現夫不像夫，婦不像婦，父不像父，子不像子，君不像君，臣不像臣的現象，社會便會出現混亂的狀態。

　　作為君子不僅要體恤百姓，更要懂得社會人倫，男女生來有別，如果男女不分，便不會產生父與子之間這樣的親情，沒有父子親情，又何談群臣間的義呢？先王教化民眾是從孝悌開始的。孝，是下輩對上輩的愛；悌，是兄長對弟的愛。孝是行人道的根本，懂得了這一點，治理民眾時就治了本，社會上就不會出現犯上作亂的事情。因為自有人類社會以來就有夫婦、父子、君臣三種關係，所以君子只要明白了男女有別，父子相親，君臣有義這三點，就能言行正

確，做不到這三點，言行就會出現錯誤。這是君子一生孜孜不倦為之追求的。

本文的六位、六職、六德，是先秦各派儒家學說出於修身、齊家、治國、平天下的目的而關注的核心話題。文中家庭觀念至上，是有思想根源的，儒家學者認為要想治理好天下，首先必須加強自身修養，其次是把家庭關係處理好，只有治理好了一個家（不是現代意義的三口或五口之家，而是一個大家族），才有治好國家的可能，治理好了國家，天下就會太平盛世。

語叢一

凡物由望生。

有天有命，有物有名。天生鯀，人生卯。

有命有度有名，而後有鯀。

有地有形有畫，而後有厚。

有生有知，而後好惡生。

有物有鯀有綵，而後謰生。

有天有命，有地有形，有物有容，有家有名。

有物有容，有畫有厚，有美有善。

有仁有智，有義有禮，有聖有善。

天生百物，人為貴。人之道也，或由中出，或由外入。

由中出者，仁、忠、信。由〔外入者，聖、義、智。〕

仁生於人，義生於道。或生於內，或生於外。

……生德，德生禮，禮生樂，由樂知刑。

知己而後知人，知人而後知禮，知禮而後知行。

其知博，然後知命。

知天所為，知人所為，然後知道，知道然後知命。

禮因人之情而為之节文者也。

善理而樂生。

禮生於莊，樂生於亳，禮齊樂靈則戚，樂繁禮靈則謾。

《易》所以會天道人道也。

《詩》所以會古今之志也者。

《春秋》所以會古今之事也。

禮，交之行述也。

樂，或生或教者也。

……者也。

凡有血氣者，皆有喜有怒，有慎有莊；其體有容有色，有聲有嗅有味，有氣有志。凡物有本有卯，有終有始。

容色，目司也。聲，耳司也。嗅，鼻司也。味，口司也。氣，容司也，志，心司〔也〕。

義亡能為也。

賢者能理之。

為孝，此非孝也；為弟；此非弟也；不可為也，而不可不為也。為之，此非也；弗為，此非也。

政其然而行息安爾也。政不達文生乎不達其然也。教，學其也。

其生也亡為乎其形。

知禮然後知型。

型非譖也。

上下皆得其所之謂信。信非至齊也。

政其然而行息安。

察天道以化民氣。

父子，至上下也。

兄弟，〔至〕先後也。

亡物不物，皆至安（焉），而亡非已取之者。

悲苓其所也，亡非是之弗也。

者迻醴不逮從一道。

□□〔者〕義然不然。

□□□父，有親有尊；〔厚於仁，薄〕於義，親而不尊；厚於義，薄於仁，尊而不親。

人亡能為。

長弟，親道也。友君臣，無親也。

又察善，亡為善。

察所知，察所不知。

執與聖為可察也。

君臣、朋友，其擇者也。

賓客，清廟之文也。

多好者，亡好者也。

數，不盡也。

缺生乎未得也。

愛善之謂仁。

仁義為之桯。

備之謂聖。

詩由敬作。

有生乎名。

喪，仁之端也。

愫者，亡有自來也。

涅聖之謂聖。

權，可去可歸。

凡同者通。

禮不同，不害不妨。

凡物由望生。

物各止於其所，我行皆有之。

決與信，器也，各以譴詞毀也。

乎與容與夫其行者。

食與色與疾。

……止之。

……樂。

　　本篇存簡 112 枚，每簡字數 6〜8 個，以每簡 8 字居多，總字數 687 個。竹簡兩端平齊。簡長 17.2〜17.4 釐米。有三道編連線，編連線間距 6.8〜7.0 釐米。文中往往一簡一句完整意義的話，少數兩簡一句完整意義的話，因此文中大量使用了句讀符號（或叫分段符號），文中還出現了重文符號，無分篇符

號。

語叢部分共有四篇，前三篇即《語叢一》、《語叢二》、《語叢三》，均是字數為 8 字的短簡，簡上內容，言簡意賅，文章體例類似古書《說苑·談叢》、《淮南子·說林》，之所以將這四篇用短簡書寫的文章擬題為《語叢》，是依據古書及其內容而定的。「叢」，聚集的意思，「語」，言語、諺語或古書中的話。將簡練的語句、諺語或古書中的話聚集在一起編成冊，便成了《語叢》。

本篇是郭店楚簡中單篇存簡數量最多的一篇，主要談論了天人關係以及儒家思想中的核心內容：仁、義、禮、樂、德等。

簡文認為有自然界就有了自然界的萬物，有萬物也就有了生命，自然界中的萬事萬物都有自己不同的名稱。人便是萬物之其一。天（也就是自然界）造就的萬事萬物中以人最為尊貴。在對人的分析中，認為人道中包含有天道，並指出一個人知道了天的所作所為，知道了人的所作所為，那麼這樣的人就會懂得仁義之道，懂得了仁義之道的人，也就「知命」了。這個「知命」，與孔子的「三十而立，四十而不惑，五十而知天命，六十而耳順，七十從心所欲不逾矩」中的「知天命」意義相同，均為「懂得人的命運是怎麼回事」。在現實的生活中就要求人們做到知己知彼，了解了自己後，才能知道別人的言行是否正確，是否符合社會所規定的禮義，明白各種社會禮義後，也就知道了自己在各種場合如何處事了。

在家庭血緣關係中，父與子是上輩與下輩的關係，兄與弟只是長幼關係。對父輩的孝和對兄弟的敬重，應是出自內心的，否則就不是真正的孝與悌（對兄長的愛）。一個人做一件事常常有兩種情況，一是認為某事不可以做，二是認為某事不可以不做，不可以做卻堅持去做，是不可取的；非做不可卻堅持不做也是不可取的。在現實生活中，兩種情況常有發生：比如貪官污吏們明知道行賄受賄，不為百姓辦實事，這樣的事做不得，卻偏去做；明知道為民造福，清正廉潔是為官之本，卻充耳不聞，其結果呢？不僅是丟了烏紗帽，而且有的連性命也難保，這是值得深思的。其實對在位者而言，權力並不是永恆的，它會根據你的年齡增長，在位時的執政情況，或者將權力移交給別人，或者因政績不佳而失去權力，這些都有可能發生。

尊重兄長，是血緣關係決定的。而君臣之間是朋友關係，而非血緣關係，所以，君與臣之間的關係就像交朋友一樣，可以互相選擇。反映了早期儒家思

想原貌的一個方面。與前文《六德》篇所反映的思想一致。即以家庭（血緣）關係至上，而君臣關係次之。這與後來儒家的君臣觀有較大差別。

簡文還概括《詩》、《書》、《易》、《春秋》的內容，《詩》即《詩經》，是匯集古今情志的書；《書》即《尚書》，是匯集古今言論的書；《易》即《易經》，是匯集關於人道天道的書；《春秋》是匯集古今歷史變化的書。

簡文中有關於人性論的材料，認為人是有感情的高級動物，在情感上有喜悅，也有憤怒，有憂慮也有恭敬之心緒，在行動上，對不同的人給予不同的禮遇，說話時和顏悅色，精神飽滿，給人傳遞一種積極向上的情緒。因為一個人的外表氣色，一眼便可看出，說話的口氣，用耳朵可聽見，而鼻子則可嗅出氣味，呼吸的輕重亦反映在外表上，以至於你內心的思想活動也可通過外表再現出來，所以我們為人處事時要充分考慮，自己可能傳遞給對方的各種信息的思想內容，以便自己在行動時作出正確的抉擇。

全文內容較零散，但大多與前面所述的《六德》、《性自命出》等篇的思想相關。

語叢二

情生於性，禮生於情，嚴生於禮，敬生於嚴，望生於敬，恥生於望，利生於恥，廉生於利，文生於禮，專生於文，大生於□，……，慍生於憂。

愛生於性，親生於愛，忠生於親。

欲生於性，慮生於欲，悟生於慮，靜生於悟，尚生於靜。

念生於欲，悸生於念，仲生於悸。

棧生於欲，吁生於棧，忘生於吁。

滯生於欲，惡生於滯，逃生於惡。

返生於欲，僑生於返。

智生於性，卯生於智，悅生於卯，好生於悅，從生於好。

慈生於性，易生於慈，肆生於易，容生於肆。

惡生於性，怒生於惡，乘生於怒，甚生於乘，惻生於甚。

喜生於性，樂生於喜，悲生於樂。

慍生於性，憂生於慍，哀生於憂。

懼生於性，監生於懼，望生於監。

強生於性，立生於強，斷生於立。

弱生於性，疑生於弱，背生於疑。

凡悔，己道者也。

凡必，有不行者也。

凡過，正一以生其它者也。

凡悅，作於興者也。

華，自安也。惻，退人也。名，數也。由羣鯀生。

未有善事人而不返者。

未有華而忠者。

知命者亡必。

有德者不迻。

疑再取。

毋失吾勢，此勢得矣。

少不忍，伐大勢。

其所之同，其行者異。有行而不由，有由而不行。

　　本篇存簡 54 枚，每簡字數 4〜9 個（大部分為 8 個字），總字數 344 個。竹簡兩端平齊，簡長 15.1〜15.2 釐米，有三道編連線。

　　本文是一篇先秦時期有關心性理論方面的儒家著作。其思想內容與《性自命出》類似，可以看成是對《性自命出》中「性」、「情」概念更為詳細的闡述。

　　簡文將人物的情感細分為十多種，而且每一種情感都有多個不同的層次，不同層次的情感之間是派生關係，且一層比一層更強烈。

　　簡文的性是一個哲學範疇的概念，並非我們平常所說的食色之性，而是人與生俱來的自然本性。簡文認為性的外在表現便是情，情的表現多種多樣，所以儒家要求用禮來規範「情」在各種場合的不同表現。這便是本文開篇的「性生於情，禮生於情」的意思。由禮產生端莊，端莊又產生敬畏，敬畏產生怨恨，怨恨又產生羞辱。

　　人的欲望由性產生，而欲望又產生憂慮，憂慮久了內心就產生憤怒，憤怒

了就會與別人爭鬥，有爭鬥也就會出現偏袒的現象。

對人的關心愛護產生於「性」，愛自己的親人便由這種愛而來，愛自己的親人是忠心不二的，所以「忠生於親」。

人內心的喜悅產生於「性」，高興來自於內心的喜悅，憂傷往往會因高興過度而至，文中的「悲生於樂」，應是現在我們所說的「樂極生悲」成語的源頭。

對人的思念產生於「性」，因為思念所以內心憂鬱，內心憂鬱就會感到哀傷。

人的恐怕心理產生於「性」，因恐懼而產生埋怨，因埋怨而生怨恨。

人的倔強產生於「性」，因為倔強所以固執，因為固執處事時便很武斷。

人的懦弱產生於「性」，因為懦弱而多疑，因為多疑而產生背叛逆反心理乃至行為。

人的聰慧產生於「性」，因為聰慧（勤於思考）才勤勉，因勤勉而堅持做某事，因堅持而對某事產生喜好，因喜好有時會產生放縱自己的心理和行為。

人的厭惡之情產生於「性」。因厭惡而生憤怒，因憤怒而生欺凌，因欺凌而生毒害人的心理，因為有毒害人的心理，所以便有殺人的行為發生。

人的仁慈產生於「性」，因仁慈而和顏悅色，和顏悅色的人便產生正直之心，人的寬容正來自於這種正直的心理。

以上是產生於「性」的各種情感及其派生情感。簡文還將生於性的「欲」所產生的其它情感進一步細化，進行了具體闡述。「欲」即人的內心欲望。

思念是由於人內心的欲望而產生的，因長久思念而得不到，所以就會產生背叛的心態，因背叛而相互間產生磨擦。

埋怨也是由人內心的欲望而引起的，因埋怨而內心憂愁，因憂愁鬱積太多表現在行動上便會有胡作非為的事產生。

侵犯別人由人內心的欲望而產生，因為侵犯了別人，所以內心感到慚愧，因為慚愧，最後採取逃避的方式。

自高自大產生於人內心的欲望，因為自高自大所以容易遇到挫折，遇到挫折後便很憂鬱，憂鬱的時間長了容易使人沉淪。

驕傲產生於人內心的欲望，因為驕傲，所以聽不進別人的勸阻，這樣的人常常是執迷不悟。

　　簡文還講了為人處事時要學會忍耐，如果在一些細小的方面不學會忍耐，這樣是會影響事情大局的。

　　通觀全文，儘管是關於性情論的材料，但又是現實生活中實用的為人處事之道。因為產生於「性」、「欲」的各種情感在社會生活的不同場合會有不同的表現，哪些情感不適時地表現了會有危害，哪些情感適當地表露了會帶來好處，在生活中我們要處處注意，盡量避免危害的產生。

語叢三

　　父亡惡，君猶父也，其弗惡也，猶三軍之旗也，正也。所以異於父，君臣不相在也，則可己；不悅，可去也；不義而加諸己，弗受也。

　　友，君臣之道也。長弟，孝之方也。

　　父孝子愛，非有為也。

　　與為義者游。益。與莊者處，益。起習文章，益。與度者處，損。與不好學者游，損。處而亡教習也，損。自示其所能，損。自示其所不族，益。游蔥，益。嵩志，益。在心，益。所不行，益。必行，損。

　　天形成，人與物斯理。……勿以日勿又里而……地能均之生之者，在早……春秋亡不以其生也亡耳。

　　仁，厚之□□。

　　〔喪，仁〕之端也。

　　義，德之聿也。

　　義，善之方也。

　　德至區者，治者至亡間。

　　未有其至，則仁治者至亡間，則成名。

　　愛治者親。

　　智治者寡謀。

　　……治者卯。

　　兼行則治其中。

　　交行則……

　　喪，仁也。義，宜也。愛，仁也。義，處之也，禮，行之也。

不善擇，不為智。

物不備，不成仁。

愛親則其方愛人。

慟，哀也，三慟，度也。

或由其避，或由其不肅，或由其可。

度依物以情行之者，卵則難犯也。

強之樹也，強取之也。莫得善其所。

思亡疆，思亡期，思亡邪，思不由我者。

志於道，據於德，依於仁，游於藝。

善日過我，我日過善，賢者唯其止也以異。

樂，服德者之所樂也。

賓客之用幣也，非正內貨也，禮必兼。

進食之道，此食乍安。

人之性非與止乎其。

有性有生乎生有德。

得者樂，失者哀。

孝。

行肅此友矣。

忠則會。

毋意，毋固，毋我，毋必。

亡物不物，皆至焉。

亡亡由也者。

名二物三。

有天有命有生。

命與文與乎物。

亡非樂者。

生為貴。

有性有生乎名。

為其型。

有性有生者。

　　本篇存簡 72 枚，每簡字數 7～10 字，以每簡 8 字居多。總字數係 77 個。竹簡兩端平齊，簡長 17.1～17.4 釐米（以 17.2 釐米居多），有三道編連線。文中有分段符號、分章符號，無篇號。

　　本篇簡 1～63 著重闡述了君、臣、父、子、兄、弟及仁、義之間的關係。認為群臣關係不同於父子關係，父子之間的關係是生來就有的，揮之不去的血親關係，而君臣關係則不然，沒有血緣上的關係。君對臣如果像父對子一樣，這樣的君就值得敬重、效忠。在這種情況下如果君臣關係相處融洽，那麼君臣關係便可以保持下去。如果君臣關係不融洽呢？臣要是不滿意君，可以選擇離開他；君如果將不道義之事強加於自己頭上，臣可以不接受。如此看來，君臣之間是一種鬆散的朋友似的關係，靠相互的信任來維繫。

　　簡文對儒家的核心倫理範疇「仁」、「義」下了這樣的定義：仁是人們敦厚樸實的開始，仁是人們相互友愛的開始；義是德行的極至，義是美好善行之所屬。並列舉了仁的表現，不僅愛人是仁的表現，而且哀悼他人失去親人也是仁的表現。認為只有愛自己的親人然後才能去愛別人，由一己之愛擴大至愛大家，這是儒家博愛思想的體會。

　　簡文還具體論述了與什麼樣的人交往有好處，與什麼樣的人交往沒有好處，怎樣做有益，怎樣做又有害。和行為善良的人交往是有好處的，與行為舉易端莊的人相處有益，也就是我們常說的「近朱者赤」。自己認為自己有很多不足之處，這對自己有好處，這樣的人經常反省自己，知道自己還存在哪些缺點，日後該如何改正。志向遠大對自己有好處，因為他有生活的目標。用心來做事，而不是敷衍了事，這是有益的。認為自己所做的事不一定就是正確的，這也有好處，給自己留有補救過失的餘地。

　　簡文認為與行為不規矩的人相處是有害的，和整天無所事事、不愛好學習的人交往是沒有好處的（近墨者黑嘛！），缺乏學習的主動性，這對自己有害，總是認為自己很行，所做的事一定是正確的，這對自己是有害的，跟隨那些鄙視善行和輕視聲樂的人，對自己沒有好處，久而久之，自己也會被同化。總的來說，無論對自己，還是對周圍的人都要有正確的估量，以便採取正確的行動。

　　本篇自簡六十四至簡七十二，共九枚簡，簡文分上、下兩欄抄寫，這種抄寫格式在以往的楚簡中沒有見過，這也是本篇內容獨特的一個地方。這九枚簡

之間的內容（因簡有殘缺）不太連貫，故無法完整理解簡分上下兩欄抄寫的用意。其中，有見於《論語・子罕》的孔子之「四毋」，即「子絕曰：毋意、毋必、毋固、毋我。」意思是君子做事應拋棄私心雜念，不要固執己見，墨守成規，不要在一開始就期待有某種結果，不要以自我為中心。其它內容主要講天、命、人、物之間的關係，強調人做任何事情時都要遵循事物的客觀規律，否則將會行不通。

文中還有一些經典性的格言警句，如「得者樂，失者哀」，得到了自己想要的東西自然是很快樂，而失去了自己心愛的東西，內心當然會感到悲哀了。「不善擇、不為智」，不善於選擇，就不是聰明機智的表現。

本篇內容與孔子《論語》關係甚為密切。

語叢四

言以詞，情以舊。非言不讎，非德亡復。言而苟，牆有耳。往言傷人，來言傷己，言之善足以終世，三世之富，不足以出亡。

口不慎而戶之閉，惡言覆己而死無日。

凡說之道，急者為首。既行其急，言必有及之。及之而不可，必文以過，毋令知我。彼邦亡將，流澤而行。

竊鉤者誅，竊邦者為諸侯。諸侯之門，義士之所存。

車蓋之醓醢，不見江湖之水。匹婦愚夫，不知其鄉之小人，君子。食韭惡知終其葉。

早與賢人，是謂訣行。賢人不在側，是謂迷惑。不與智謀，是謂自慐。早與智謀，是謂重慐。

邦有巨雄，必先與之以為朋。雖難之而不惡，必盡其故。盡之而疑，必拄銌銌其舉。如將有敗，雄是為害。

利木陰者，不折其枝。利其渚者，不塞其溪。善使其下，若蛩蛩之足，眾而不害，害而不僕。善事其上者，若齒之事舌，而終弗憤。善……者，若兩輪之相轉，而終不相敗。善使其民者，若四時一遣一來，而民弗害也。

山亡陵則阤，城無菴則阤。士亡友不可。君有謀臣，則壞地不鈔。士有謀友，則言談不弱。

雖勇力聞於邦不如材，金玉盈室不如謀，眾強甚多不如時，故謀為可貴。

一家事，乃有石，三雄一雌，三錡一莛，一王母保三殹兒。

聽君而會，視廟而入。入之或入之，至之或至之之，至而無及也已。

　　本篇存有簡 27 枚。每簡字數 13～17 字，以 15、16 字居多，總字數為 402 字。竹簡兩端平齊，簡長 15.1～15.2 釐米，有兩道編連線。文中有句讀號、分章符號。無分篇符號。

　　語叢四體例很特別，與語叢前三篇不一樣。根據簡上現存分章符號，簡文分作五章，各章簡數多少不一，第二章僅用了一枚簡，第三、四章各用兩枚簡。其內容與同出的其它儒家文獻不同，講的是游說之道，龐樸先生認為其思想與戰國時法家、縱橫家的學術思想類似。

　　第一章提醒人們在言論方面要注意把握分寸。「往言傷人，來言傷己」，意思是說了難聽的話會傷害別人，而聽了不善之語也會傷害自己。還指出人們說話時要謹慎，注意隔牆有耳，因為隨便說話，容易洩露祕密。「言而苟，牆有耳。」要求人們言善，言善的人，會太太平平地過完一生。從文中可以看出，簡文作者已認識到人不是獨立的個體，而是處在人與人相互關聯的社會之中，因此，人要約束自己的言行。

　　第二章強調人們言談要謹慎。言語若不謹慎，即使緊閉門戶，所講的惡言也會帶來禍患，有時甚至會招致死亡的危險。

　　第三章講游說之道。游說時，必須掌握對方最迫切需要的東西，只有這樣，談話才能有的放矢。但如果游說不為對方接受，游說者就應該隱藏自己內心真正的企圖，用虛偽不實的話來結束談話。只有這樣才可以反友為敵，滅其國，殺其將，從而達到游說的目的。

　　第四章內容與《莊子‧胠篋》中的一段文字基本相同：「竊鉤者誅，竊邦者為諸侯。諸侯之門，而仁義存焉。」僅在最後幾個字上有區別，簡文為「義士之所存。」簡文意思是一個人盜竊了帶鉤就會被殺掉，而一個盜竊了國家的人卻被推為諸侯。諸侯的家裡，就是義士所呆的地方。戰國時期，社會動蕩不安，簡文作者看到了當時社會的不公與黑暗，也看到了儒家政治倫理觀虛偽的一面，對這些作者並未提出自己的主張。

　　第五章主要講「智謀」、「賢臣」的重要以及君結交一國內「巨雄」的必

要。君有謀臣，國土就不會被侵略。士有謀友，言談會鏗鏘有力。文中還講到了人才、智謀、時機的重要性，其中以智謀最為可貴。一國之主，不僅要用有智謀的賢臣，還要與國中勢力很大的「巨雄」交朋友，當國家遇到危難時，「巨雄」可以為國家挺身而出，但是，也應清醒地認識到，如果國家不安定，「巨雄」將是國中最大的隱患，它的存在甚至會直接威脅到國君的位置，所以國君在與「巨雄」交朋友時還要提防「巨雄」，以免它成為國家的害群之馬。

第六章

光耀四海的楚文化

　　楚文化的概念有廣義和狹義之分。廣義的楚文化是指以社會生產和科學技術為基礎的物質文化和精神文化之和；狹義的楚文化則著重指反映思想意識形態的精神文化。這裡所說的楚文化是狹義性質的楚文化。

　　楚文化因楚國和楚人而得名，是周代的一種區域文化。楚文化在江漢地區誕生、成長，但其主源並不是江漢之間的土著文化（三苗文化），而是楚人先民祝融部落集團崇火尊鳳的原始農業文化，楚文化的幹流是華夏文化，支流是蠻夷文化，三者交匯合流，就成了楚文化。

　　楚人先民祝融部落集團在商代時，殷人稱為荊。居商南境。商末周初，荊人中季連的羋姓後裔西遷到丹陽與淅水一帶以丹陽為中心，鬻熊為其酋長。是時鬻熊舉部背棄已朽的商朝，親附方興的周朝。周文王賜給他一個原始的爵位「子」。周成王時，鬻熊曾孫熊繹被封在楚蠻之地，荊人才有了「楚」這個正式的國號兼族名。

　　楚人立國之初，地僻民貧，勢弱位卑，名雖為國，實則只是一個仍滯留在原始社會的一個部落聯盟。其文化比周人的文化要落後得多。周初，楚君要為周天子效力，盡封國應盡之職。那時，楚國的周圍都是楚蠻，與楚蠻相比，楚國的財力和兵力又處劣勢，楚人生活在強鄰的夾縫之中。但由於楚先民長期與夏民族的先民交往，吸收了後者的某些先進文化因素，因此與楚蠻相比，他們的文化素質占優勢。楚人在自己文化傳統的基礎上，兼採華夏和蠻夷之所長，學會了一套在夾縫中求生存的本領。在西周時期，楚國社會進步較慢，楚文化尚未顯示出其獨特的個性，儘管如此，楚人雖少，楚國雖小，但挾華夏的先進文明因素而來，如一顆良種落進了南土的沃壤。此時的楚文化處在她的童年時期，使用的是來自中原的文字。這從現知最早的楚文化——西周晚期的一件楚

公豪鐘上的銘文可知，其字體結構、章法基本上屬周文化系統。那時尚無私人著書立說，言論憑口口相傳，代代相遞。

春秋時期，楚社會開始蓬勃發展，政治局勢也大為改觀。這個時期，楚國發生了很大變化。到楚莊王時，曾觀兵於周郊，問周室九鼎的大小輕重，使楚國成為春秋五霸之一，確立了楚國的霸業。由於楚人的開放政策及楚君民上下頑強圖生存，求發展的傳統，楚國的勢力迅速發展。在政治上楚國結夷夏為一體，在文化上熔夷夏於一爐，隨著夷夏文化的相互激蕩，楚文化茁壯成長。對待先進事物，楚人向來不抱偏見，趨之唯恐不及，求之唯恐不得。這從考古出土的楚青銅器的製造上可見端倪。楚國的青銅器鑄造技術來自中原，但楚人並不是簡單模仿，而是創造，「外求諸人以博採眾長，內求諸己而獨創一格」，形成了獨具特色的楚國青銅器。表現在文化方面，這個時期，楚雖使用的是流行於中原而為周代各國各族通用的文字，但其書法藝術風格已與中原明顯有區別。楚人在其先民觀象授時的基礎上，創造和發展了自己的曆法，應用於農業生產。在生產和生活中，長期的天文觀察實踐，楚人開始對宇宙的起源和結構以及各種天文現象產生的原因進行探究和解釋，由於楚地獨特的地理環境、民族思維特徵和心理狀態、風俗習慣等諸多因素的影響，楚人展開想像的翅膀，用傳說中的神話來解釋大自然的現象（這從保存在古文獻中的大量楚地神話中可見一斑）。楚人的形象思維，有自由、浪漫、狂放以至怪誕的傳統，凡所表露，必有特殊的魅力。產生於楚的哲學思想也如此。春秋晚期，各國的學術思想非常活躍，在楚地產生了以老子為代表的老學，但那時的老學並不如湖南長沙馬王堆出土的帛書《老子》五千言那樣完備，而是老學的形成時期，其主要思想是依據文獻與神話傳說，講宇宙論和治國理論。可謂放眼宇宙，講天「道」，其中以「道」為核心。而同時期的北方，有孔子創立的儒家學說，儒學以六經文獻為依據，著眼於社會，講「人」道，其學以「仁」為核心。這時的儒學、老學和平共處。

戰國時期，楚國的變化是空前的，當時的社會經濟昌盛，思想領域文化紛華，正是因為楚王國有「撫有蠻夷」、「以屬諸夏」的氣魄，才對非我族類的文化不深閉固拒，使自己的文化不斷注入新鮮的養份而迅速發展，楚國才成為「戰國七雄」之一。這時楚文化也發展到鼎盛時期。考古發現的我國古文字中楚文字的數量居首位，可見楚文化當時的鼎盛。從大量的漆木器畫及少量帛

畫、壁畫，可知當時楚國繪畫藝術的高超。無論是文字，還是繪畫都表現出一種放蕩不羈、風格獨特怪誕的浪漫主義氣息。表現在哲學上也是如此。以「莊」、「騷」為代表的楚文學，其創作風格、表現方法，在中國文學發展史上有著開源拓流的偉大貢獻和衣被千載的深遠影響。這個階段的哲學發展也走向深入，楚國在學術上無門戶之見，任何學派在楚國都可找到立足之地，郭店楚墓中，以子思學派為代表的多篇儒家著作與老學著作共存便是一佐證。老學不排斥儒家學術，大約到了五千餘言的老子學說形成以後（戰國晚期），社會動蕩不安，各家學派都希望自己的治國論被統治者採用，於是各家學派之間開始有對立。長沙馬王堆帛書《老子》及今本《老子》中均有擯斥儒學的言論，這種對立到漢武帝時更尖銳，「罷黜百家，獨尊儒術」的局面出現，結束了學術上「百家爭鳴」的歷史。漢初司馬談記述西漢當時的學術狀況時，將老學稱為道家。道家學說後來成為道教的言論，老子的《道德經》也成為道教崇奉的經典。到西元前 278 年，秦將白起攻破楚紀南城，楚文化的發展進入滯緩期。西元前 223 年秦滅楚，此後楚文化逐漸與華夏文化熔為一爐。

出土郭店楚簡的郭店一號墓的墓主人，下葬年代在西元前四世紀末至西元前三世紀初。郭店竹書的成書年代應早於墓主人下葬的時間，大約在春秋末期至戰國中期。

郭店楚簡中，儒家與道家簡共存，從一個側面反映了那個時代楚文化的一個特點，那就是在崇尚本土文化時，並不排斥外來文化，而是吸取其精華為我所用。

從道家簡《老子》的內容可知早期道家即老學與儒家思想中相通的一面。它們具有共同的價值觀，簡本《老子》（亦見於今本）中「修之身，其德乃真；修之家，其德有餘；修之鄉，其德乃長；修之邦，其德乃丰；修之天下，其德乃普。」的這段文字與儒家的「修身、齊家、治國、平天下」的出發點和目的是一致的。它們的相同是與當時的社會環境分不開的。儘管儒道學派的創始人都探討社會問題，但由於各自所處國家的政治環境和地理環境不盡相同，所以從一開始起，儒道就既有相同的一面，又有許多的不同之處。

道家產生於楚。由於楚獨特的地理環境，在楚地各種神話傳說廣為傳誦，巫覡之風盛行，而中原早已擯棄殷人遺風，重人事而疑鬼神，重實際而黜玄想。所以產生於中原的儒家學說主要以古文獻六經為依據來探討社會問題，時

限只講到堯舜時期。而產生於楚的道學並不恪守《六經》，而是依據神話傳說講到洪荒遠古。前者著眼社會，講「人」道，其學以「仁」為核心。後者則放眼宇宙，講「天」道，其學以「仁」為核心，道學從產生之時起就超越而又包含儒學，並不排斥儒學。將簡本《老子》甲的內容與今本十九章對照，前者開篇為「絕憍棄慮，民復季子。」後者為「絕聖棄智，民利百倍，絕仁棄義，民復孝慈；絕巧棄利，盜賊無有。」可見，簡本《老子》對儒家之道的「智、仁、義」並不絕棄，當時的道家思想是不排斥儒家思想的，而是和平共處相互交融。與楚一貫作風一致，產生於楚的道家，吸取儒家思想中的精華部分如「修身」、「治國」等，但並不是簡單地借用，而是創新，將其賦予新的含義。儒家以「仁」修身，以「六德」治國，而道家則用「清靜」修身、用「無為」治國。由此可知當時在楚地南北學術交融的情況。《國語·楚語上》記申叔時談對楚太子的教育：教之《春秋》，而為之聳善而抑惡焉，以戒勸其心；教之《世》，而為之昭明德而廢幽昏焉，以休懼其動；教之《詩》；而為之導廣顯德，以耀明德其志；教之《禮》，使知上下之則；教之《樂》，以蔬其穢而鎮其浮；教之《令》，使訪物官；教之《語》，使明其德，而知先王之務用明德於民也；教之《志》，使知廢興者而戒懼焉；教之《訓典》，使之族類，行比義焉。所列舉的教學內容，應與儒家經典有關。信陽長臺關一號墓所出一組竹簡，也是反映儒家思想的讀物。用這樣的竹書隨葬，表明墓主對儒家學說的崇尚，同時也說明了儒家學說在楚地的普及程度。不僅是道、儒學的交融，還有別家學說，如《語叢四》所反映的內容則為游說之道，類似戰國時期縱橫家的學術。

這些都表明了道家雖發軔於楚，但並非唯「道」是尊。由於楚的開放政策，對當時各國的學術思想，尤其是對中原孔子創立的儒家，不僅不排斥，而且還持重視的態度。這樣郭店一號墓中儒、道兩家文獻共存就不足為怪了。楚國的統治階級網絡各家學術思想，試圖從中探求出統一大業之道，不知是由於楚後期楚王們的驕奢，還是楚人在研究各家學說時，並未總結出一條行之有效的戰略方針來統一天下，或許二者兼而有之，楚最終還是（於西元前 223 年）被秦所滅。楚文化後來亦漸漸與華夏文化匯合，成為華夏文化的一部分。

郭店楚簡面世之前，學術界普遍認為儒道兩家從開始起就是對峙的、互黜的。郭店楚簡的發現及其文本的闡釋，為先秦學術思想史填補了由儒道分派到儒道互黜的歷史缺環，澄清了先秦儒道關係的幾個重要的關鍵環節，這就是從

孔子到子思再到孟子的原始儒學系統，與從老子到太史儋再到莊子的道家思想系統。具體到楚文化史研究領域，也引起了有關學者對以往觀點和成說的重新審視乃至修正。

傳統觀點認為，楚文化與中原文化是兩個對立的文化陣地。對此觀點提出質疑，在一定程度上恢復了楚文化與中原文化關係的原貌，即南北文化的交流，融合在戰國時期就已實現。

郭店楚簡，以它的存在形式和它所包含的儒道兩家文獻中世不見傳的內容直接證明了原始儒道兩家的關係、楚人的文化歸依及楚文化與中原文化融合的歷史狀況。郭店楚簡的出土不僅豐富了楚文化乃至華夏文化的內容，而且還為更深入地研究楚文化與華夏文化的關係提供了寶貴的古史信息。

參考文獻

[1]《郭店楚墓竹簡》，荊門市博物館，中國文物出版社，1998 年 5 月。

[2]《道家文化研究》第十七輯，（郭店楚簡專號），陳鼓應主編，北京生活・讀書・新知三聯書店，1999 年 8 月。

[3]《郭店楚簡研究》，《中國哲學》第 20 輯，遼寧教育出版社，1999 年 1 月。

[4]《郭店楚簡與儒學研究》，《中國哲學》第 21 輯，遼寧教育出版社，2000 年 1 月。

[5]《郭店楚簡國際學術研討會論文集》，武漢大學中國文化研究院編，湖北教育出版社，2000 年 5 月。

[6]《郭店楚簡平議》，涂宗流，國際炎黃文化出版社，2001 年 1 月。

[7]《包山楚簡》湖北省荊沙鐵路考古隊編，中國文物出版社，1991 年。

[8]《楚簡儒家性情說研究》，丁原植著，萬卷樓圖書股份有限公司，2000 年 5 月。

[9]《楚文化史》，張正明著，上海人民出版社，1987 年。

後　記

　　本書的順利完成有賴於荊門市博物館諸多同仁的共同努力。書中前言及第一、二、三章的撰寫由劉祖信承擔；第四、五章初稿由湯學鋒、鄭海鋒、龍永芳完成，由於四、五章初稿行文方式與通俗本不合，終稿由龍永芳重新寫定；第六章由龍永芳完成。全書由劉祖信統稿。書中插圖由朱遠志、黃文進承擔，照片由金陵、周光傑提供。陳勤為本書的資料搜集及整理做了部分工作。

　　由於編著者水平有限，疏漏紕繆之處在所難免。懇請方家讀者多加匡正。

　　最後，感謝荊門市文物局及荊門市博物館各位同仁對本書編著給予的大力支持。

作者

2002 年 10 月

附錄

《太一生水》圖版

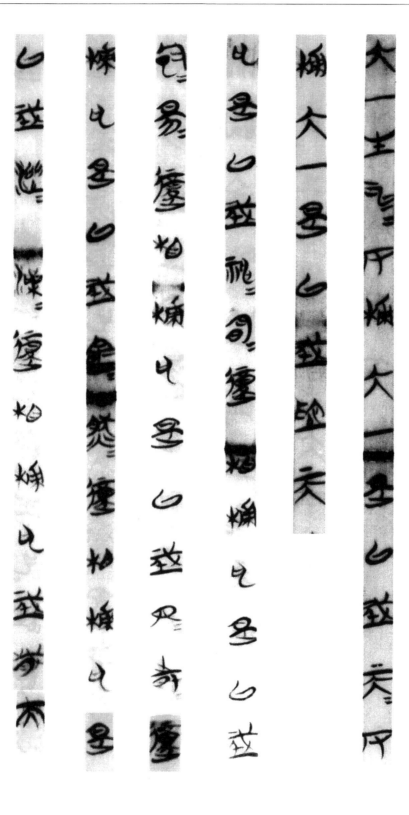

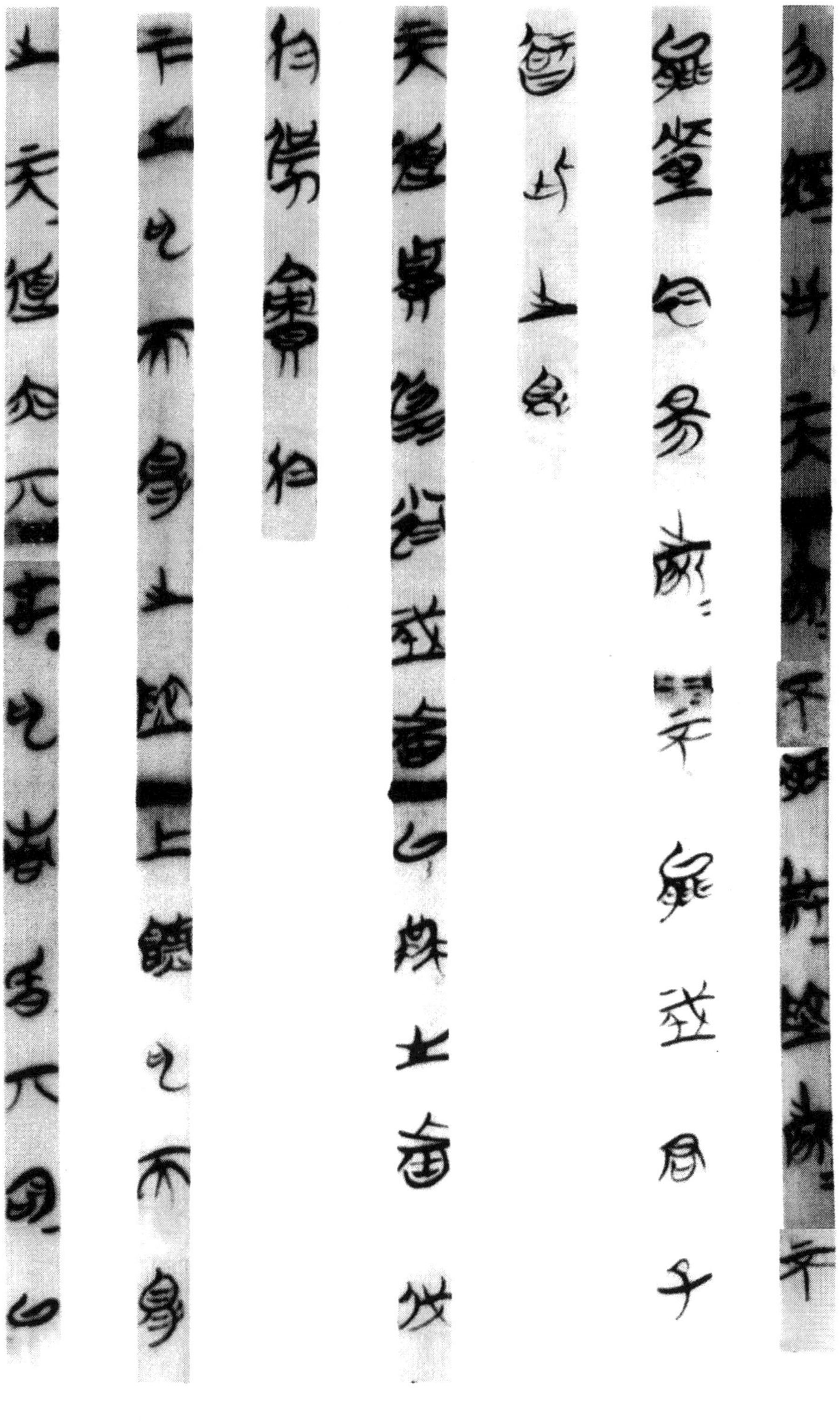

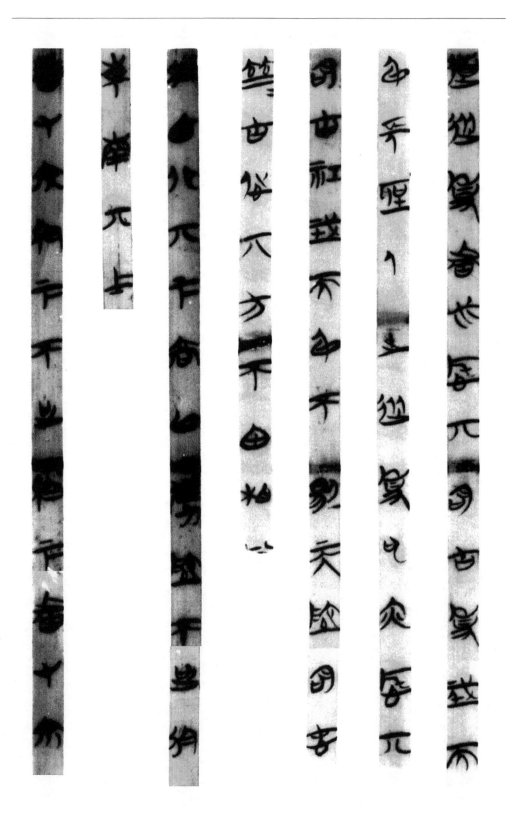

《老子》甲書圖版

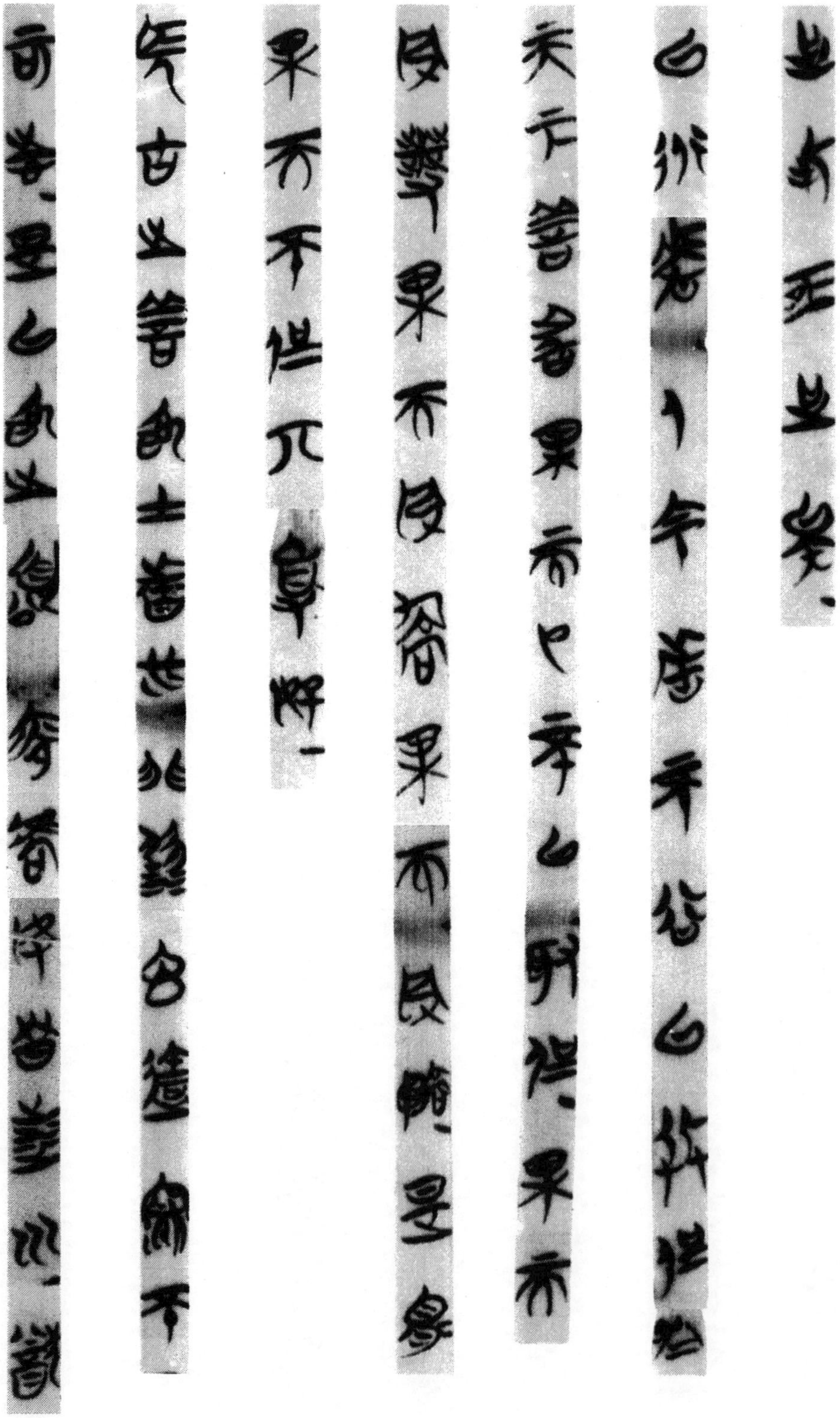

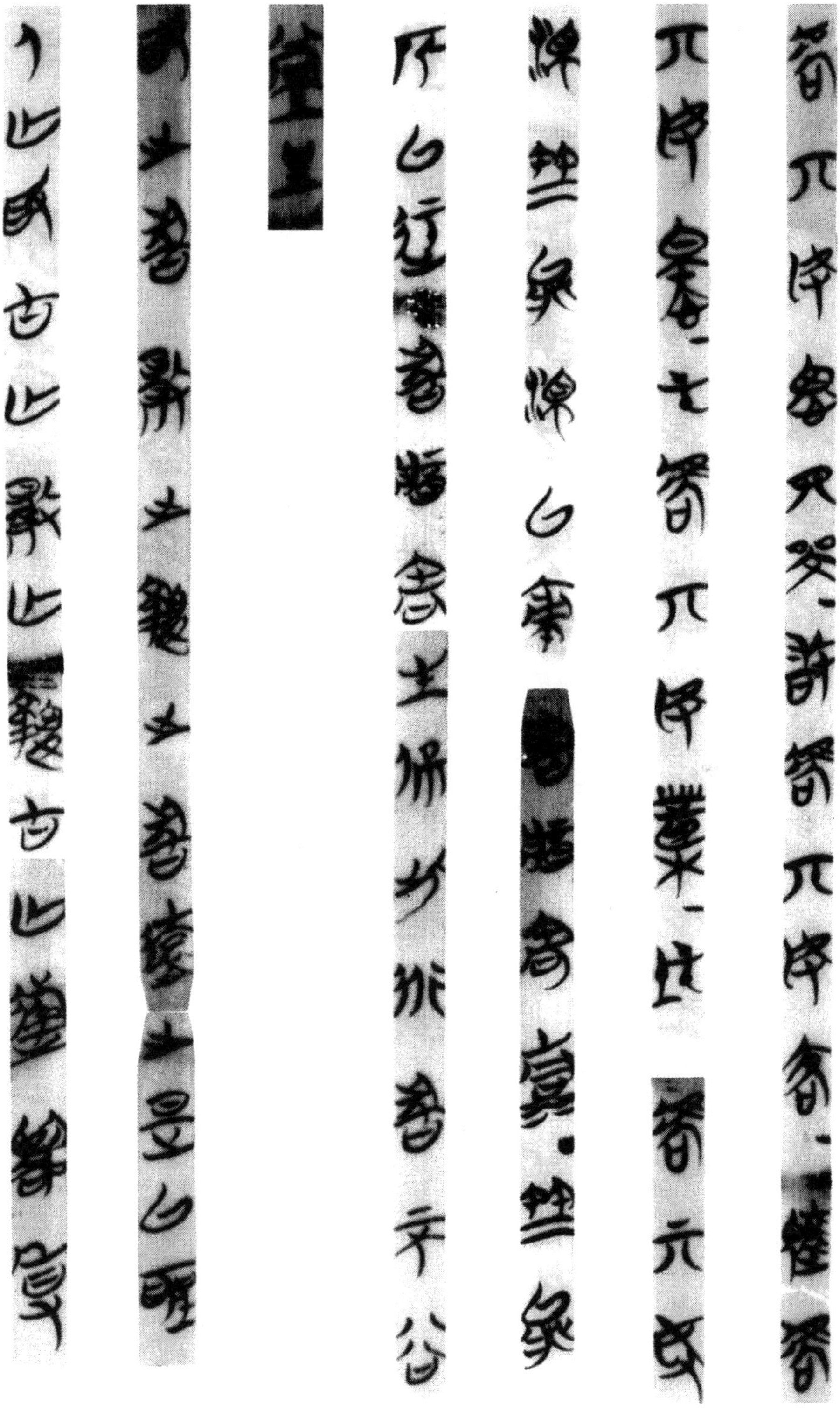

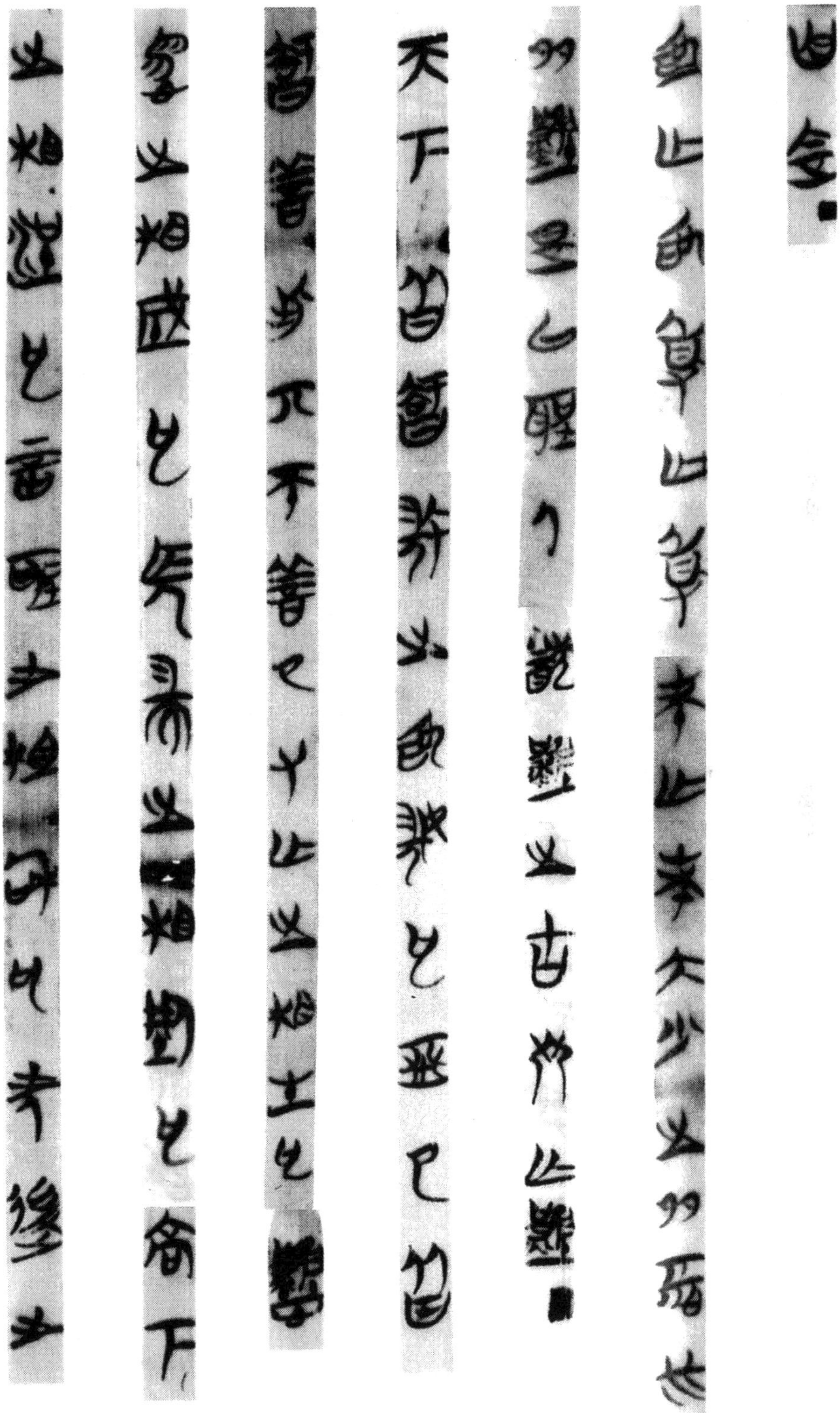

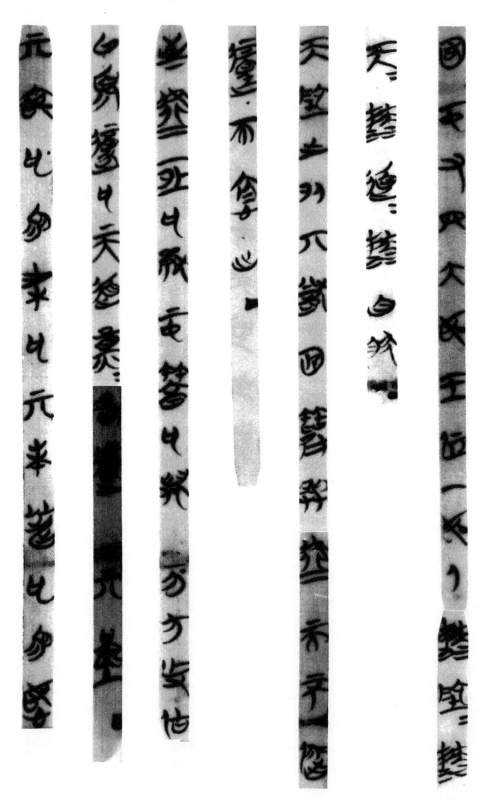

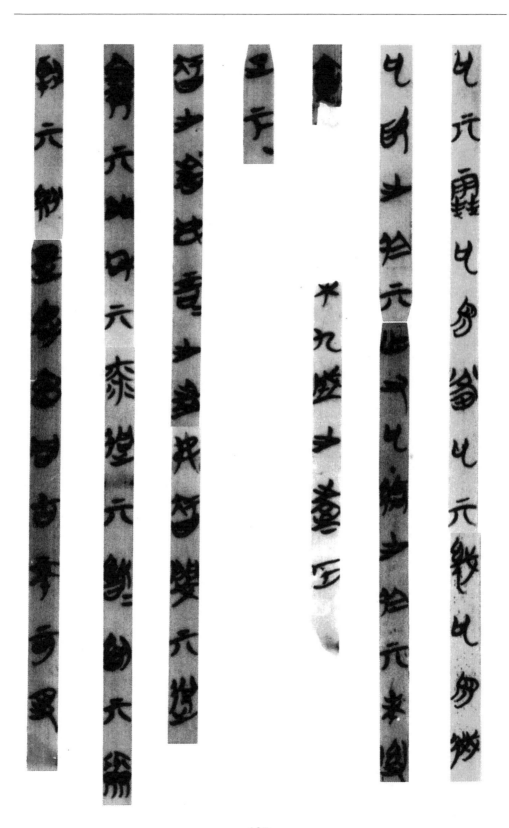

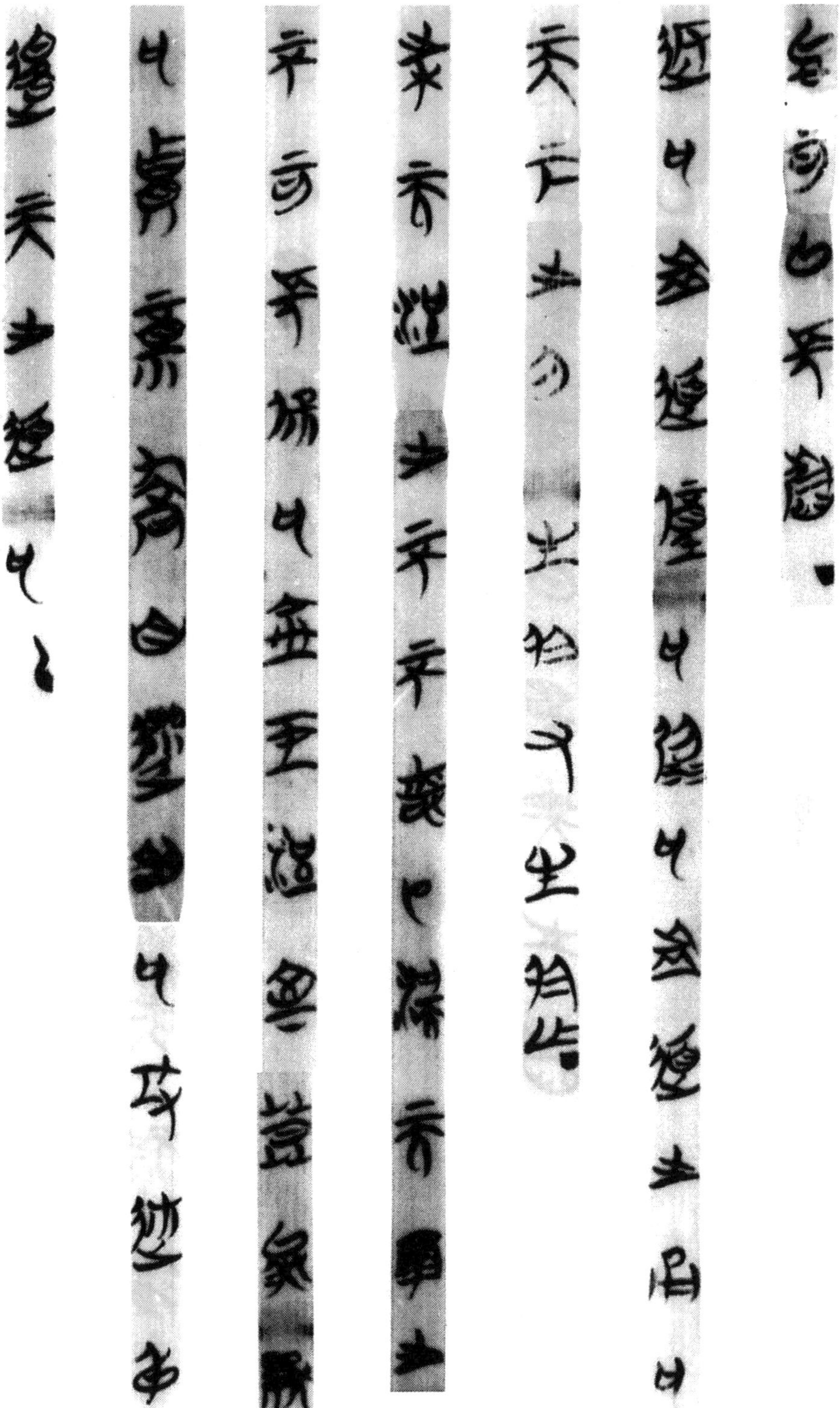

《老子》乙書圖版

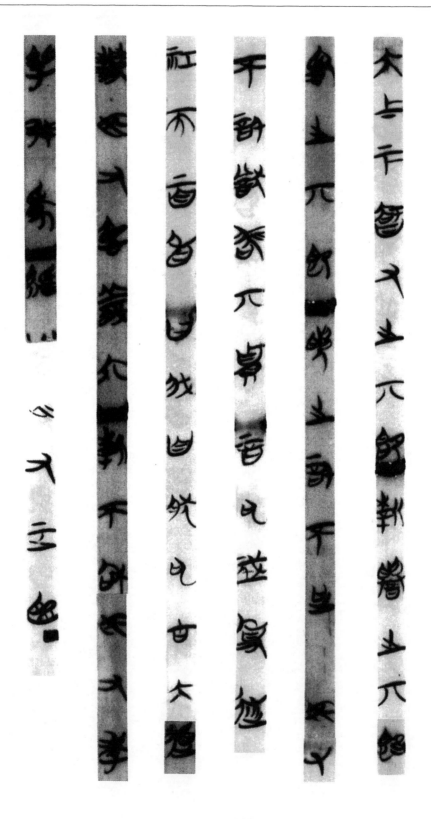

《老子》丙書圖版

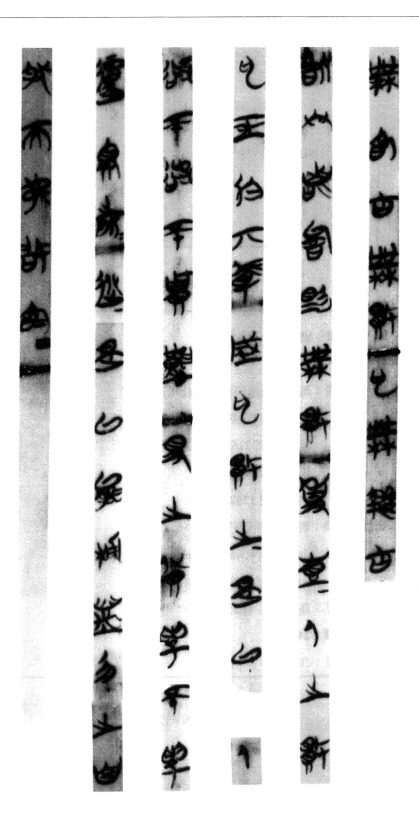

國家圖書館出版品預行編目資料

郭店楚簡綜覽 / 劉祖信，龍永芳編著 -- 初版 -- 臺北
市：萬卷樓, 2004

面；　　公分

ISBN 978－957－739－505-8 (平裝)

1.簡牘

796.8　　　　　　　　　　　　93019294

郭店楚簡綜覽

編　　　者：劉祖信‧龍永芳

發　行　人：許素真

出　版　者：萬卷樓圖書股份有限公司

　　　　　　臺北市羅斯福路二段 41 號 6 樓之 3

　　　　　　電話(02)23216565‧23952992

　　　　　　傳真(02)23944113

　　　　　　劃撥帳號 15624015

出版登記證：新聞局局版臺業字第 5655 號

網　　　址：http://www.wanjuan.com.tw

E　－mail：wanjuan@tpts5.seed.net.tw

承印廠商：晟齊實業有限公司

定　　　價：280 元

出版日期：2005 年 3 月初版

ISBN 957－739－505－8